QUE FAITES-VOUS DE VOTRE VIE ?

DU MÊME AUTEUR
CHEZ LE MÊME ÉDITEUR

Le Temps aboli, entretiens avec David Bohm, 2019.
La Beauté de l'amour, 2017.
L'Origine de la pensée, 2016.
Renaître chaque jour, 2015.
L'Esprit de création, 2015.
Mettre fin au conflit, 2014.
Briller de sa propre lumière, 2013.
Vers la révolution intérieure, 2012.
De l'éducation, 2011.
Face à soi-même : réflexions sur la nature de l'être, 2011.
L'Impossible Question, 2010.
Le Vol de l'aigle, 2009.
Apprendre est l'essence de la vie, 2009.
Vivre dans un monde en crise, 2007.
La Nature de la pensée, 2007.

JIDDU KRISHNAMURTI

QUE FAITES-VOUS DE VOTRE VIE ?

traduit de l'anglais
par Claire Dufour

PRESSES DU CHÂTELET

Ce livre a été publié sous le titre
What are you doing with your life?
par Krishnamurti Foundation America Publications
P.O. Box 1560, Ojai, California 93024, États-Unis

E-mail : info@kfa.org.
Site : www.kfa.org

Notre catalogue est consultable à l'adresse suivante :
www.pressesduchatelet.com

Presses du Châtelet
34, rue des Bourdonnais
75001 Paris

ISBN 978-2-3819-5019-8

Sommaire

Deuxième partie

LA CONNAISSANCE DE SOI, CLÉ DE LA LIBERTÉ

Troisième partie

L'ÉDUCATION, LE TRAVAIL ET L'ARGENT

Quatrième partie

LA RELATION

Avant-propos

Jiddu Krishnamurti (1895-1986), né de parents indiens, reçut son éducation en Angleterre. Rejetant toute appartenance à une caste, une nationalité ou une religion, libre de toute tradition, il parcourut le monde durant soixante-cinq ans pour s'adresser directement et sans préparation à d'énormes auditoires, discuter avec de petits groupes et s'entretenir en tête à tête avec des interlocuteurs de tous horizons. Il voyagea ainsi sans relâche jusqu'à sa mort à l'âge de 90 ans.

L'un des thèmes fondamentaux de son enseignement est le rejet absolu de toute autorité spirituelle et psychologique, la sienne comprise : il dit que l'homme doit se libérer lui-même de la peur, du conditionnement, de l'autorité et de la doctrine – par la connaissance de soi. Elle seule, souligne-t-il, fera naître l'ordre et un changement réel dans la psyché. Ce monde violent déchiré par les conflits ne va pas se changer en un monde d'amour, de bonté et de compassion par l'effet d'aucune stratégie politique, économique ou sociale. Ce monde ne peut se transformer que par la mutation que chaque individu opère en lui-même en observant ce qu'il est, sans l'aide d'aucun gourou, d'aucune religion organisée.

Sa stature de philosophe original attira nombre de penseurs et de philosophes, attachés ou non à une tradition, mais aussi certains chefs d'État, des physiciens éminents comme David Bohm, de hauts responsables des Nations unies, des psychiatres, des psychologues, des responsables religieux, des professeurs d'université, tous désireux d'engager le dialogue. Étudiants, enseignants, et des millions de gens de tous milieux vinrent l'écouter et lisent aujourd'hui ses livres. Il réconcilie la science et la religion sans user d'aucun jargon : ainsi, l'homme ordinaire a la possibilité de partager autant que le savant ses réflexions sur le temps, la pensée, l'*insight* et la mort.

Il établit des fondations aux États-Unis, en Inde, en Angleterre, au Canada et en Espagne, avec pour mission définie de protéger ses enseignements de toute distorsion et de les diffuser sans jamais assumer l'autorité de les interpréter, sans jamais rendre un culte à la personne ou aux enseignements.

Il a fondé de nombreuses écoles en Inde, en Angleterre et aux États-Unis pour concrétiser sa vision d'une éducation qui insiste sur la compréhension de l'esprit et du cœur, et non sur les seules capacités académiques et intellectuelles ; d'une éducation qui cultive l'art de vivre et ne se contente pas d'enseigner des techniques de subsistance.

Krishnamurti disait : « Une école est clairement un lieu où apprendre toute la vie, la vie dans sa globalité.

L'excellence académique est absolument nécessaire, mais une école apporte bien plus que cela. Elle est le lieu où enseignant et enseigné explorent ensemble, non seulement le monde extérieur, le monde des connaissances, mais aussi leur propre façon de penser et leur comportement. »

Il disait de son action : « Aucune croyance n'est exigée ni souhaitée. Il n'y a pas de disciples, pas de culte, pas de persuasion, sous aucune forme et dans aucune direction : c'est la condition nécessaire pour nous rencontrer sur le même plan, sur les mêmes bases, au même niveau. Alors nous pouvons, ensemble, observer le phénomène extraordinaire de l'existence humaine. »

Kishore Khairnar

directeur du Centre d'études Sahyadri,
Krishnamurti Foundation India

Introduction

La relation que vous et moi maintenons avec notre cerveau, avec les autres, avec nos biens, avec l'argent, avec le sexe – ces relations de proximité créent la société. Notre relation à nous-même et à autrui, multipliée par six milliards, crée le monde. Le monde est la collection de tous nos préjugés, l'assemblage bien ficelé de toutes nos solitudes séparées, de toutes nos avidités et nos ambitions, de toutes nos faims physiques ou émotionnelles, de toutes les colères et de toutes les tristesses inscrites en nous : nous sommes le monde.

Le monde n'est pas distinct de nous, le monde est nous. C'est donc simple : si nous changeons, nous changeons le monde. Même le changement d'un seul d'entre nous a une répercussion. Le bien est contagieux.

L'école nous enseigne à écouter nos parents et nos maîtres, et dans le domaine technique c'est justifié. Mais dans la sphère psychologique, les milliers de générations précédentes n'ont su ni cesser de souffrir ni cesser de faire souffrir les autres. L'évolution biologique ou scientifique ne s'est pas accompagnée d'évolution psychologique : nous apprenons tous à gagner notre vie, mais l'art de vivre, nous devons l'apprendre tout seuls.

La vie nous distribue ses blessures : la solitude, la confusion, le sentiment d'échec, le désespoir. La vie nous blesse, par la pauvreté, les troubles émotionnels, la violence dans la rue, la violence à la maison. On nous enseigne quantité de choses mais rarement la manière dont nous devons encaisser le choc des blessures de l'existence. Pour commencer, personne ne nous enseigne que ce qui nous fait mal n'est pas la vie, mais nos réactions à ce qui nous arrive. Notre peur, incrustée dans le besoin d'autoprotection, provoque la douleur. Protéger le corps est naturel, mais est-il naturel de protéger ce que nous appelons notre « ego » ? Qu'est-ce que cet ego, racine du problème ? Qu'est-ce que la souffrance psychologique que nous ressentons quand nous essayons de le protéger ?

On peut tricher avec la souffrance morale et la confusion par les drogues, les distractions, le sexe ou les affaires, mais le douloureux problème reste entier, rendu plus lourd par l'épuisement et par l'addiction.

Être attentif aux agissements de l'ego, comprendre que la peur, le désir et la colère sont naturels mais que les extérioriser ou vouloir obtenir tout ce que l'on souhaite ne sont pas des options – voilà l'*insight* qui dissout l'angoisse mentale au lieu d'y ajouter. Il faut apprendre à comprendre l'ego pour réaliser qu'il est la source de nos problèmes. Ne pas se replier sur soi mais prêter attention aux pensées, aux sentiments, aux activités de l'ego et à son conditionnement biologique, personnel, culturel et de genre – c'est cela la méditation.

Ces causeries et ces écrits sont l'œuvre d'un homme qui vécut la vie des grands outsiders de la société : le rebelle, le poète vagabond, le philosophe religieux, le sage iconoclaste, le savant et le psychologue d'avant-garde, les grands enseignants voyageurs de tous les temps. Pendant soixante-cinq ans, Krishnamurti parla de libération psychologique à qui voulait bien entendre son message. Il fonda des écoles pour qu'enfants, collégiens et jeunes adultes puissent dans un même lieu étudier les sujets académiques et aussi s'étudier eux-mêmes. Dans l'esprit de ces écoles comme dans ses causeries et ses écrits, on retrouve sa pensée fondamentale : nos guerres, internes ou extérieures, ne nous libéreront pas. Seule le fera la vérité sur nous-même.

Pour cela il n'y a pas de chemin, pas d'autorité, pas de gourou à suivre : vous avez en vous la capacité de découvrir qui vous êtes, ce que vous faites de votre vie, de vos relations et de votre profession. Il faut mettre en pratique la substance de ce livre – la vérité sortant de la bouche d'un autre est perçue comme une opinion si vous ne la testez pas vous-même. On nous enseigne couramment quoi penser, jamais comment penser. Nous apprenons à fuir la solitude et la souffrance morale, non à y mettre fin.

C'est à vous de regarder dans le microscope, sinon vous ne garderez que la poussière des mots, non l'authentique perception de la vie.

Tous les textes de ce volume sont extraits de livres, de transcriptions ou d'enregistrements de dialogues et de causeries publiques de Krishnamurti. Tentez l'expérience en lisant ce livre, et voyez par vous-même.

Dale Carlson
éditeur

PS : « K », comme il se désignait lui-même, utilise le masculin générique – *lui, il, l'homme* – pour désigner l'être humain. Il s'en est excusé auprès des femmes : son enseignement s'adresse à l'être humain tout entier.

Première partie

VOUS ET VOTRE VIE

1

Qu'êtes-vous ?

1. Comprendre l'esprit

Pour moi, si l'on ne comprend pas la manière dont notre esprit fonctionne, on ne peut ni comprendre ni débrouiller la question très complexe de l'existence. Et l'on ne trouvera pas cette compréhension dans les livres. L'esprit est déjà en lui-même un problème extrêmement complexe et c'est en réalisant le fonctionnement de son propre esprit que chacun comprendra, et dépassera peut-être, la crise qui affecte sa vie.

[…]

Il me semble capital de comprendre le mécanisme de notre esprit.

2. Qu'est-ce que l'esprit ?

Nous ne connaissons pas les rouages de notre esprit – notre esprit tel qu'il est, non tel qu'il devrait être ou tel qu'on le voudrait. L'esprit est notre seul instrument, il est l'outil qui nous sert à penser et à agir, nous y avons investi notre être. Faute de comprendre le fonctionnement de l'esprit à l'instant même où il opère en chacun de nous, chaque problème rencontré se fera plus complexe et plus destructeur. Pour moi, le rôle premier et fondamental de toute éducation est de comprendre son propre esprit.

Qu'est-ce que notre esprit ? Le vôtre, le mien, pas l'esprit selon quelqu'un d'autre. Ne vous contentez pas de suivre ma description : tout en m'écoutant, observez votre esprit en action. Cela donnera toute sa validité et son utilité à l'examen de cette grande question de la pensée.

Qu'est-ce que notre esprit ? Il est, n'est-ce pas, le résultat du climat, de siècles de tradition – la soi-disant culture – d'influences sociales et économiques ; le produit de l'environnement, des idées et des dogmes que la société imprime dans l'esprit par la religion – de tout ce que l'on nomme le savoir. Plus l'information superficielle.

Je vous en prie, observez votre esprit, ne vous laissez pas entraîner par la description que j'en fais, la description a très peu d'importance. Si nous sommes capables d'observer de près comment opère notre esprit, nous pourrons peut-être régler les problèmes de l'existence. Et ces problèmes nous concernent tous.

L'esprit est divisé en conscient et inconscient. Si ces deux termes vous gênent, disons « superficiel » et « caché », la partie superficielle et les couches profondes de l'esprit. Tout cet ensemble, le conscient et l'inconscient, le superficiel et le caché, tout ce processus du penser, nous l'appelons la conscience – conscience dont nous n'avons qu'une perception fragmentaire, car la majeure partie nous échappe. Cette conscience est le temps, elle est le résultat de siècles d'efforts humains.

Dès l'enfance on nous fait croire à certaines idées, on nous conditionne par des principes, des croyances et des théories, nous subissons toutes sortes d'influences. Puis nos pensées, nées de ce conditionnement, de ces influences inconscientes et limitées, prennent la forme d'un communiste, d'un hindou, d'un musulman – ou d'un scientifique. On ne peut pas nier que la pensée germe du substrat de la mémoire, de la tradition. C'est donc chargés de tout cet arrière-fond de conscient et d'inconscient, des couches superficielles et profondes de l'esprit, que nous approchons la vie.

Or la vie n'est que mouvement, elle n'est jamais statique. Nos esprits, eux, sont statiques. Nos esprits sont conditionnés, bridés, amarrés au dogme, à la croyance, à l'expérience, au savoir. C'est donc avec cet esprit à l'attache, cet esprit lourdement conditionné, étroitement bridé, que nous abordons la vie qui est mouvement perpétuel. La vie, avec ses problèmes complexes et ses changements constants, ne reste jamais tranquille, elle exige une approche neuve chaque jour, à chaque seconde. Par conséquent nous abordons la vie dans une collision permanente entre l'esprit conditionné et statique et la vie toujours en mouvement. C'est bien ce qui se passe, n'est-ce pas ?

Entre la vie et l'esprit conditionné il y a déjà un conflit. De plus, en voulant se mêler de la vie, cet esprit crée un surcroît de problèmes. En effet, il a acquis un savoir superficiel – de nouveaux moyens de conquérir la nature, une maîtrise de la science –, mais, malgré ce savoir, l'esprit reste en état conditionné, toujours lié à une forme de croyance.

Donc, notre question n'est pas comment aborder la vie, mais : comment l'esprit, malgré ses conditionnements, ses principes et ses croyances, va-t-il se rendre libre ? Car seul l'esprit libre peut rejoindre la vie ; l'esprit rivé à un système, à une croyance, à un savoir particulier en est incapable. Alors, si l'on veut cesser de créer plus de problèmes, si l'on veut mettre un point final à la misère morale et à la souffrance, n'est-il pas capital de comprendre les rouages de notre esprit ?

3. Qu'est-ce que l'ego ?

Quel sens donnons-nous à l'ego ? Pour moi, c'est l'idée, la mémoire, la conclusion, l'expérience, les diverses intentions avouables ou inavouables, l'effort conscient d'être ou de ne pas être, toute la mémoire accumulée de l'inconscient – la mémoire de la race, du groupe, de l'individu, du clan. Tout cela, projeté extérieurement dans l'action ou spirituellement dans la vertu, plus toute la lutte pour y parvenir, la compétition, le désir d'être, c'est l'ego. Tout ce processus, c'est l'ego. Et quand nous le voyons vraiment en face nous comprenons qu'il est mauvais. C'est à dessein que je dis « mauvais », car l'ego divise, l'ego est replié sur lui-même, toutes ses activités, aussi nobles soient-elles, visent à séparer et à isoler. Tout cela, nous le savons bien.

Nous connaissons aussi ces instants extraordinaires où l'ego est absent, où il n'y a pas trace de tension ni d'effort, et qui surviennent quand l'amour est là.

4. La connaissance de soi est une démarche

Alors, pour comprendre les innombrables problèmes dont chacun de nous a sa part, il est essentiel de se connaître, n'est-ce pas ? Mais être conscient de soi est extrêmement difficile. Il n'est pas question de s'isoler, de se replier sur soi. Il est absolument essentiel de se connaître, mais certainement pas en fuyant la relation. Quelle erreur ce serait de penser que l'on peut se connaître de façon révélatrice, pleine et entière dans l'isolement, dans l'exclusion, ou en allant consulter un psychologue ou un prêtre – ou même que l'on pourrait apprendre à se connaître en lisant un livre !

Se connaître est clairement un mouvement, ce n'est pas une fin en soi, et pour se connaître on doit être conscient de soi-même dans l'action, c'est-à-dire dans la relation. Vous ne vous découvrez pas dans l'isolement ou le retrait, vous vous découvrez dans la relation, la relation à la société, à votre femme, à votre mari, à votre frère, à l'homme en général. Cependant, pour découvrir comment vous y répondez, pour voir vos réactions, il vous faut une vivacité d'esprit peu commune, une grande intensité de perception.

5. Le monde est ce que vous êtes

Quel « rapport » y a-t-il entre vous et la détresse et la confusion qui règnent en vous et autour de vous ? Cette confusion et cette détresse ne sont pas apparues toutes seules, n'est-ce pas ? C'est nous qui les avons créées, vous et moi, pas une société capitaliste, fasciste ou communiste – vous et moi, qui les avons engendrées dans nos relations réciproques. Ce que vous êtes intérieurement s'est projeté sur l'extérieur, sur le monde : ce que vous êtes, ce que vous pensez, ce que vous ressentez, ce que vous faites au quotidien se projette au-dehors, c'est cela qui constitue le monde. Si nous sommes moralement malheureux, incohérents et chaotiques, par projection cela devient le monde, cela devient la société. Car la relation entre vous et moi, entre moi et l'autre, *c'est la société*, la société est le fruit de notre relation. Et si notre relation est embarrassée, égocentrique, étroite, bornée et nationaliste, nous projetons tout cela et nous engendrons le chaos du monde.

Ce que vous êtes, le monde l'est, donc votre problème est le problème du monde. C'est un fait tout simple, un fait élémentaire, n'est-ce pas ? Pourtant, dans nos relations intimes et notre relation au monde, ce fait semble nous échapper en permanence. Nous cherchons à créer le changement au moyen d'un système, à révolutionner les idées et les valeurs en nous fondant sur un système – en oubliant que c'est vous et moi qui créons la société, que c'est nous qui y apportons la confusion ou l'ordre par notre façon de vivre. Donc il faut commencer tout près. Interroger notre vie quotidienne, nos pensées, nos sentiments, nos actes quotidiens, tout ce qui se dévoile dans notre manière de gagner notre vie et notre rapport aux idées ou aux croyances.

6. Votre lutte est la lutte de l'humanité

En somme, une révolution féconde n'est possible que si nous nous comprenons, vous et moi, comme un processus global : vous et moi ne sommes pas des individus isolés. Nous sommes la résultante de toute la lutte humaine, de ses illusions, de ses rêves, de ses quêtes, de son ignorance, de ses troubles sociaux, de ses conflits et de sa grande détresse. On ne peut pas toucher à la condition du monde sans se comprendre soi-même.

Voir cela, c'est une véritable révolution en vous, n'est-ce pas ? Plus besoin de gourou, la connaissance de soi se fait d'instant en instant. Elle n'est plus la compilation de tout ce qui a été dit, elle n'est plus renfermée dans les préceptes des instructeurs religieux. Et lorsque à chaque instant vous vous découvrez dans votre relation à l'autre, la relation prend un sens tout à fait différent : la relation est alors une révélation, un courant continu de découverte de soi-même – et de cette découverte de soi surgit l'action.

Donc, la connaissance de soi ne peut se faire que dans la relation, non dans l'isolement. La relation c'est l'action, et la connaissance de soi naît de la conscience dans l'action.

7. Transformez-vous et vous transformerez le monde

La transformation du monde viendra de notre propre transformation, puisque l'ego est à la fois produit et participant de tout le processus de l'existence humaine. Et, pour se transformer soi-même, il est indispensable de se connaître : si vous ne savez pas ce que vous êtes, vous n'avez aucun point d'appui pour penser juste. Sans vous connaître, la transformation est impossible.

8. Pourquoi changer maintenant ?

La différence entre jeunes et vieux n'est pas essentielle, tous deux sont esclaves de leur désir et de son assouvissement. La maturité n'est pas affaire d'âge, elle naît de la compréhension. Un ardent esprit de recherche est probablement plus naturel aux jeunes car les plus âgés sont cabossés par la vie, usés par les conflits, et la mort aux multiples visages les attend. Non qu'ils soient incapables d'enquêter résolument, simplement cela leur est plus difficile. Beaucoup d'adultes sont immatures, et même assez enfantins, et en cela ils contribuent à la confusion et à la détresse du monde. Ce sont eux, les gens âgés, qui portent la responsabilité de la crise économique et morale actuelle.

Or l'une de nos coupables faiblesses est d'attendre qu'un autre agisse, qu'il change le cours de nos vies à notre place. Nous attendons que d'autres se révoltent et construisent du neuf et nous ne bougerons pas avant d'être assurés du résultat. Pour la plupart, tout ce que nous voulons c'est la sécurité et la réussite. Et un esprit anxieux de sécurité et assoiffé de réussite n'est pas intelligent ; il est donc incapable d'action totale. L'action totale n'est possible que si l'on a conscience de son propre conditionnement, de ses préjugés raciaux, nationaux, politiques et religieux – en somme si l'on réalise que les voies de l'ego ne visent qu'à séparer, toujours.

9. Penser n'est pas la solution au problème de l'ego

Plus on réfléchit à un problème, plus on enquête, on analyse, on argumente, plus le problème se complique. Alors, est-il possible de saisir le problème globalement, dans son ensemble ? Comment est-ce possible ?

En effet, c'est là que gît selon moi notre principale difficulté. Nos problèmes ne cessent de se multiplier, partout la guerre menace et nos relations personnelles passent par des crises de toutes sortes : comment le comprendre comme un problème global, comme un tout ? Car il est clair que l'on ne peut les résoudre qu'en les replaçant dans leur ensemble, en cessant de les compartimenter, de les diviser.

Alors, comment est-ce possible ? Seulement lorsque le processus du penser – dont la source est le « moi », l'ego, le substrat de la tradition, du conditionnement, du préjugé, de l'espoir et du désespoir – a pris fin.

Cet ego, peut-on le comprendre ? Ne pas l'analyser, le voir comme un fait, non comme une théorie ? Ne pas chercher à le dissoudre en vue d'un résultat mais le voir en pleine activité, ce « moi » toujours à l'œuvre ? Sommes-nous capables de le regarder sans un seul mouvement pour l'éliminer ou l'encourager ? Car c'est bien lui le problème, n'est-ce pas ? Si ce centre du « moi » en chacun de nous, avec son désir de pouvoir, de statut, d'autorité, de continuité et d'autopréservation, n'existait pas, nos problèmes prendraient fin, c'est évident !

L'ego est un problème que la pensée ne peut résoudre : il faut une prise de conscience qui ne relève pas de la pensée. Prendre conscience des activités de l'ego sans condamner ni justifier, être simplement conscient, c'est suffisant. Mais si vous êtes conscient *dans le but* de résoudre le problème, dans le but de le transformer, dans le but de produire un résultat, vous restez dans l'aire de l'ego, du « moi ». Tant que l'on vise un résultat, que ce soit par l'analyse, par l'attention, par l'examen minutieux de chaque pensée, on ne quitte pas le champ de la pensée, l'aire du « moi », du « je », de l'ego.

Tant que l'esprit est en activité, il ne peut y avoir d'amour, c'est certain. S'il y a l'amour, nous n'aurons pas de problèmes sociaux.

2

Que voulez-vous ?

1. La sécurité, le bonheur, le plaisir

Que recherchons-nous, pour la plupart ? Que désire chacun de nous en particulier ? Spécialement dans ce monde énervé où chacun est en quête d'une certaine paix, d'un peu de bonheur, d'un havre, n'est-il pas important de découvrir ce que nous recherchons, ce que nous voulons découvrir ?

Nous cherchons probablement un peu de bonheur, un peu de paix. Dans ce monde déchiré par les bouleversements, les guerres, la discorde et le conflit, nous voulons un refuge, un havre de paix. Je pense que c'est ce que nous voulons tous. Donc on se met en quête, on va d'un leader à l'autre, d'une religion organisée à l'autre, d'un maître à un autre.

Est-ce vraiment le bonheur que nous cherchons, ou n'est-ce pas plutôt une forme de satisfaction dont nous espérons tirer du bonheur ? Entre le bonheur et la satisfaction il y a une différence. Et puis, peut-on « chercher » le bonheur ? La satisfaction, vous l'obtiendrez peut-être, mais le bonheur certainement pas. Le bonheur est un dérivé, c'est le sous-produit de quelque chose d'autre.

Alors, avant de mettre notre esprit et tout notre cœur à examiner un sujet qui demande beaucoup de sérieux, d'attention, de réflexion et de soin, nous devons détecter ce que nous cherchons vraiment, ne croyez-vous pas ? Est-ce le bonheur ou la satisfaction ? Pour la plupart, j'ai bien peur que ce ne soit la satisfaction. Nous voulons une récompense, nous voulons trouver une plénitude au bout de notre recherche.

D'ailleurs, si c'est la paix que l'on recherche, elle n'est pas si difficile à trouver : on peut se dévouer aveuglément à une cause, à un idéal, et y prendre refuge. Mais cela ne résout certainement pas le problème. S'isoler en s'enfermant dans une idée ne libère pas du conflit.

Nous devons donc découvrir ce que chacun de nous veut au juste, pour le monde et pour lui-même, n'est-ce pas ? Car si nous sommes clairs là-dessus, on n'a plus à aller nulle part, plus besoin de maître, ni d'Église, ni d'organisation. La question est donc de clarifier nos intentions, non ? Et sommes-nous capables d'être clairs ? La clarté vient-elle en cherchant, en voulant saisir ce qu'en disent les autres, du plus grand maître à l'humble prédicateur de l'église du coin ? Pour découvrir, faut-il recourir à quelqu'un ?

C'est pourtant bien ce que nous faisons, n'est-ce pas ? Nous lisons un nombre incalculable de livres, nous participons à des tas de réunions et de discussions, nous adhérons à diverses organisations, tout cela dans l'espoir de trouver remède aux conflits et aux misères de nos existences. Ou bien nous n'en faisons rien car nous prétendons avoir trouvé, nous disons que cette organisation-là, ce maître-là, ce livre-là nous satisfait, que nous y avons découvert tout ce que nous souhaitions. Et nous n'en bougeons plus, statufiés et emmurés.

Ce que nous cherchons au sein de cette confusion, n'est-ce pas la chose permanente, la chose durable, la chose que l'on nomme le réel, Dieu, ou la vérité ? Le nom importe peu, le mot n'est jamais le réel. Alors ne nous perdons pas dans les mots, laissons cela aux conférenciers professionnels. Cependant cette recherche de quelque chose de permanent n'existe-t-elle pas en nous ? De quelque chose à quoi nous raccrocher, quelque chose qui nous rassure, qui nous donne de l'espoir, un enthousiasme durable, une certitude impérissable ? Nous sommes tellement incertains moralement. Nous ne nous connaissons pas. Nous sommes très savants sur les faits, sur ce que disent les livres, mais nous ne connaissons rien par nous-mêmes, nous n'avons aucune expérience directe.

Et qu'appelons-nous « permanent » ? Quelle est cette chose qui devrait, tout au moins nous l'espérons, nous offrir la permanence ? Ce que nous cherchons, n'est-ce pas le bonheur durable, le plaisir durable, la certitude durable ? Nous voulons quelque chose qui nous donne du plaisir et qui dure toujours. Dépouillons-nous de ces mots et de ces phrases et regardons vraiment : voilà ce que nous voulons – nous voulons le plaisir permanent…

2. On ne peut pas solliciter le bonheur

Quelle est votre idée du bonheur ? Certains disent que le bonheur c'est obtenir ce que l'on veut. Je veux une voiture, si je l'obtiens, je suis heureux ; je veux un sari, un vêtement, je veux aller en Europe, et si mon souhait se réalise, je suis heureux. Je veux être un grand homme politique et si j'y arrive, je suis heureux. Si j'échoue, je suis malheureux. Donc ce que vous appelez « bonheur », c'est obtenir ce que vous voulez, la réussite, la célébrité, être anobli, bref, avoir tout ce que vous désirez. Tant que vous obtenez ce que vous désirez, vous vous sentez parfaitement heureux, vous n'êtes pas frustrés. Mais dès que vous n'obtenez pas ce que vous souhaitez, le mécontentement s'installe.

Ceci touche tout le monde, pas seulement les riches et les pauvres. Le riche comme le pauvre veulent obtenir quelque chose, pour eux-mêmes, pour leur famille ou pour la société. Si on les en empêche, si on les bloque, ils sont malheureux. Je ne parle pas de refuser aux pauvres ce qu'ils réclament, ce n'est pas le sujet : nous cherchons à découvrir ce qu'est le bonheur, et si le bonheur est une chose dont vous êtes conscients. Quand vous êtes conscients d'être heureux, d'avoir beaucoup reçu, est-ce le bonheur ? Dès que vous êtes conscients d'être heureux, ce n'est plus le bonheur, n'est-ce pas ? On ne peut pas pourchasser le bonheur. Dès que vous avez conscience d'être humble, vous n'êtes plus humble. Le bonheur ne peut pas être sollicité, il vient tout seul. Recherchez-le, il vous échappera.

3. Le plaisir et la jouissance

En réalité nous ne jouissons jamais de rien. Nous regardons une chose, elle nous amuse superficiellement ou elle nous excite, et nous ressentons ce que nous appelons une joie. Mais la joie est bien plus profonde, elle demande à être explorée et comprise.

Quand on est jeune, on jouit des choses, tout nous enchante : jouer, s'habiller, lire un livre, écrire un poème, peindre un tableau ou chahuter avec les copains. En vieillissant, nous voulons toujours jouir des choses mais le meilleur de nous-mêmes s'est envolé et nous préférons d'autres types de sensations : la passion, le désir sensuel, le pouvoir, le standing.

4. On ne peut conserver la joie

En vieillissant, les choses de la vie perdent leurs couleurs, l'esprit se rouille, perd sa sensibilité, donc on cherche à se faire plaisir : on se force à regarder des photos, à regarder les arbres, à regarder les petits enfants jouer. On lit des livres sacrés ou d'autres ouvrages pour en dégager le sens, la profondeur, la signification. Mais tout cela reste un effort, une besogne, une tâche à accomplir.

Je pense qu'il est très important de comprendre ce que l'on appelle la joie – jouir des choses. Car, dès que vous voyez une chose très belle, vous voulez la posséder, vous voulez la retenir, vous voulez l'appeler vôtre : c'est *mon* arbre, *mon* oiseau, *ma* maison, *ma* femme. Nous voulons retenir et dans ce mouvement de rétention la joie que nous ressentions s'envole. Car la rétention c'est la dépendance, la peur et l'exclusion. Et cette chose qui offrait une joie, un sentiment intime de beauté, est perdue. Alors la vie se referme sur elle-même…

Pour connaître la joie véritable, il faut aller bien plus profond.

5. La joie est l'absence du « moi » désirant

On peut passer d'un raffinement à l'autre, d'une subtilité à l'autre, d'une jouissance à l'autre, mais au centre de tout cela il y a toujours le « moi » – le moi jouisseur qui exige plus de bonheur ; le moi qui cherche, qui aspire, qui mendie le bonheur ; le moi qui bataille ; le moi qui s'affine de plus en plus mais n'a jamais envie de mourir. Pourtant il faut que le « moi » sous toutes ses formes subtiles prenne fin pour qu'apparaisse un état de félicité que l'on ne peut inviter, une extase, une joie réelle, qui ignore la douleur et la corruption. Actuellement toutes nos joies, tous nos bonheurs renferment la corruption, leur revers de douleur et de peur.

Quand l'esprit va au-delà de la pensée « moi » – moi qui fais l'expérience, moi l'observateur, moi le penseur –, s'ouvre la possibilité d'un bonheur incorruptible. On ne peut pas rendre ce bonheur permanent, dans le sens que nous attribuons à ce mot. Pourtant, c'est ce que veut notre mental, un bonheur permanent, une chose qui dure, une continuité. Ce désir de continuité, c'est la corruption.

Mais quand l'esprit est libéré du « moi », il existe un bonheur, un bonheur de chaque instant, qui vient sans être invité, que l'on ne peut pas amasser, que l'on ne peut pas engranger. On ne fait pas de réserves de bonheur. On ne peut pas s'y cramponner, ce n'est pas un objet.

6. Nous voulons la sécurité

Il y a aussi le désir de sécurité. Ce désir de sécurité se comprend face à un animal sauvage, comme le serpent, et il faut faire attention en traversant la rue. Mais il n'existe aucune autre forme de sécurité : vraiment, regardez bien, il n'y en a pas d'autre.

Vous voudriez être en sécurité avec votre femme, avec vos enfants, avec vos voisins, avec vos relations si vous en avez – mais vous n'avez pas de relation. Vous avez votre mère, peut-être, ou votre père, mais vous n'êtes pas vraiment en relation, vous êtes complètement isolés. Nous y reviendrons.

La sécurité psychologique n'existe pas, à aucun moment, à aucun niveau, avec personne. Réaliser cela est ce qu'il y a de plus difficile au monde. Il n'y a aucune sécurité psychologique avec un autre être, parce qu'il est un être humain et vous aussi, parce qu'il est libre et vous aussi. Mais nous voulons être en sécurité dans nos relations – nous nous marions, nous prononçons des vœux, vous connaissez toutes ces astuces que nous avons inventées à notre usage et à celui les autres. Tout cela est évident et ne demande pas de longue analyse.

7. Réaliser le fait de l'insécurité

Nous n'entrons jamais en contact avec cette insécurité. Nous avons très peur de nous retrouver dans une incertitude complète. Il faut énormément d'intelligence pour comprendre l'insécurité car, dès que l'on ne se sent plus tout à fait en sécurité, on prend la tangente. Ou bien, ne voyant de sécurité nulle part, on perd son équilibre mental, on pense au suicide, on est bon pour l'hôpital psychiatrique – ou l'on devient le plus dévot des religieux, ce qui revient au même, c'est là aussi une forme de déséquilibre. Loin de l'intellect, des phrases ou d'une attitude volontariste, le simple fait de *se rendre compte* que la sécurité n'existe pas amène à vivre une existence extraordinairement simple, claire et harmonieuse.

8. Pourquoi chercher quelque chose ?

Nous sommes toujours en quête et nous ne nous demandons jamais pourquoi nous sommes en quête. La réponse est évidente : nous sommes insatisfaits, mécontents, malheureux, esseulés, mal aimés et peureux. Il nous faut une chose à laquelle nous raccrocher, il nous faut quelqu'un pour nous protéger – le père, la mère, tout cela. Donc nous cherchons. Et quand on cherche, on trouve. C'est regrettable, mais quand nous cherchons nous trouvons toujours.

Donc la première chose à faire est de ne pas chercher, vous comprenez ? On vous dit depuis toujours : « Cherchez, ayez l'expérience de la vérité, découvrez la vérité, poursuivez-la, traquez-la, pourchassez-la ; et pour cela disciplinez-vous, prenez le contrôle de vous-même. » Et voici que quelqu'un dit : « Ne faites pas tout cela, ne cherchez pas du tout. » Naturellement, votre réaction est de l'envoyer au diable ou de lui tourner le dos. Ou bien vous voulez savoir pourquoi il affirme cela – vous n'acceptez pas, vous ne rejetez rien mais vous posez la question.

Alors, que cherchez-vous ? Regardez en vous-mêmes. Vous êtes en quête. Vous pensez que vous êtes en train de passer à côté de quelque chose dans la vie – pas dans le domaine matériel, emploi médiocre ou manque d'argent, mais dans votre vie intérieure. Alors, que cherchons-nous ?

Nous cherchons parce que nous sommes profondément insatisfaits, de notre famille, de la société, de la culture et de nous-mêmes. Nous voulons tranquilliser ou surmonter cette insatisfaction qui nous ronge et qui va nous détruire. Mais pourquoi sommes-nous insatisfaits ?

L'insatisfaction est facile à contenter, je le sais : offrez une belle situation à un jeune homme en colère, un communiste ou un révolutionnaire, et il va tout oublier. Donnez-lui une belle maison, une belle voiture, un beau jardin et un bon job et vous verrez s'envoler son mécontentement. Lequel s'effacera tout aussi vite si son idéologie rencontre du succès.

Mais vous ne demandez jamais *pourquoi* vous êtes mécontents – en dehors des aspects matériels. Nous devons repérer la racine du mécontentement avant de pouvoir examiner toute la structure et la signification du plaisir, et par conséquent de la souffrance.

3

La pensée, le penseur et la prison de l'ego

1. Le penseur et la pensée

Peut-on vraiment parler de « relation » entre le penseur et sa pensée ou n'y a-t-il que la pensée et pas de penseur ? Sans pensées il n'y a pas de penseur. Quand des pensées vous traversent, y a-t-il un penseur ?

Ayant saisi l'impermanence des pensées, la pensée a d'elle-même inventé le penseur qui s'attribue la permanence. Donc, la pensée crée le penseur. Ce penseur remplit le rôle d'entité permanente distincte des pensées puisque celles-ci sont en flux constant. C'est donc bien la pensée qui crée le penseur et non l'inverse :

le penseur ne peut pas créer la pensée puisque sans pensées il n'y a pas de penseur.

Une fois séparé de sa congénère, le penseur cherche à établir une relation avec elle – une relation entre un penseur prétendu permanent créé par la pensée, et l'impermanente et éphémère pensée. Or ils sont tous deux éphémères. Suivez une pensée complètement, poursuivez-la jusqu'au bout, ressentez-la à fond, et découvrez ce qui se passe : vous verrez qu'il n'y a pas de penseur. Dès que la pensée cesse, il n'y a pas de penseur. Nous croyons qu'il y a deux états, le penseur et la pensée, mais ce double état est une fiction, il n'a aucune réalité. Seule existe la pensée. C'est l'amoncellement de pensées qui crée le « moi », le penseur.

2. La pensée, c'est le stock de mémoire qui réagit

Qu'entendons-nous par « pensée » ? Quand pensez-vous ? Il est évident que la pensée est une réponse nerveuse ou psychologique, la réponse du stock de mémoire. Comme la réaction nerveuse instantanée à une sensation, il y a aussi la réaction psychologique de la mémoire entreposée : l'influence de la race, du groupe, du gourou, de la famille, de la tradition, etc., tout ce que vous appelez la pensée. Le processus mental n'est-il donc pas la réaction de la mémoire ? Sans mémoire, vous n'auriez pas de pensées : la mémoire réagit à une expérience donnée en mettant en branle le mouvement de la pensée.

3. *Quelle est l'origine du penser ?*

Il est facile de voir que tout penser réagit au passé, le passé étant mémoire-savoir-expérience. Tout penser est un produit du passé. Ce passé – c'est-à-dire le temps, l'hier, un hier qui remonte à l'infini en arrière –, c'est notre notion du temps : le temps comme passé, le temps comme présent, le temps comme futur. C'est nous qui avons divisé le temps en ces trois parties alors que le temps est un fluide, c'est une rivière. Mais nous l'avons scindé en trois fragments et la pensée reste piégée dans ces fragments.

4. *La pensée-mémoire a sa place*

Nous ne disons pas que la pensée doit cesser, elle a une fonction bien définie : sans pensée on ne pourrait pas aller au bureau, on ne saurait même pas où l'on habite, on serait tout à fait incapable de fonctionner.

Mais si nous voulons produire une révolution radicale dans la totalité de la conscience, dans la structure même du fait de penser, nous devons comprendre que la pensée, puisqu'elle a bâti cette société et créé tout ce gâchis, est tout à fait incapable d'y apporter une solution.

5. *La pensée en quête de sécurité*

La pensée est l'essence même de la sécurité, et c'est bien ce que veut l'esprit le plus bourgeois : sécurité,

sécurité à tous les étages! Or, pour provoquer un changement total dans la conscience humaine, la pensée doit fonctionner à un seul niveau et y rester. Il est normal et naturel que la pensée fonctionne au niveau du quotidien, dans le domaine pratique ou technique, en faisant appel au savoir. Mais elle ne doit pas déborder sur un autre espace dans lequel elle n'a aucune réalité.

Sans pensées, je ne pourrais même pas parler. Mais la pensée ne peut pas produire un changement radical en moi, l'être humain, car la pensée ne peut fonctionner que dans un rapport de conflit. La pensée ne peut qu'engendrer le conflit.

6. Pourquoi changer?

L'homme vit sur Terre depuis deux millions d'années ou plus mais n'a jamais résolu le problème de la souffrance. Il est toujours harassé de douleur. La souffrance le suit comme son ombre, elle est sa compagne: le chagrin de perdre quelqu'un; la douleur d'être incapable d'assouvir ses ambitions, son avidité, d'utiliser son énergie; la douleur physique; la souffrance morale, l'anxiété, la culpabilité; les affres de l'espoir-désespoir. C'est l'antique destin de l'homme, c'est l'éternel destin de tout être humain.

Il cherche depuis toujours à résoudre ce problème, à éliminer la souffrance du champ de sa conscience. Pour cela il a tout essayé: l'éviter, la fuir, la faire taire, s'identifier à plus grand que lui-même, trouver l'oubli dans la boisson, les femmes – il a tout fait pour échapper à cette anxiété, à cette douleur, à ce désespoir, à l'infinie solitude et à l'éternel ennui de l'existence.

Mais sans jamais sortir du périmètre de sa conscience, qui est le résultat du temps.

7. La pensée ne peut pas faire cesser la souffrance

Ainsi, pour se débarrasser de la souffrance, l'homme a toujours exercé sa pensée : l'effort juste, la pensée droite, une vie morale, etc. Exercer sa pensée, son intellect, voilà ce qui l'a toujours guidé. Mais la pensée est le résultat du temps et le temps *est* cette conscience : quoi que vous fassiez dans le champ de cette conscience – aller au temple ou vous mettre à boire, c'est pareil –, la souffrance ne finira jamais. En apprenant cela, on voit l'impossibilité d'un changement en passant par la pensée : la souffrance va continuer. Si on le *voit* réellement, on peut entrer dans une tout autre dimension.

Selon moi le mot « voir » n'a aucun sens intellectuel ou verbal : voir est la compréhension absolue d'un fait – le fait que la pensée est incapable d'abolir la souffrance.

8. Vivre avec ce qui est

Alors, peut-on regarder une chose sans pensée ? Cela ne veut pas dire avoir l'esprit vide, non, vous regardez.

Et l'on ne peut regarder que s'il n'y a pas l'ombre d'un « moi » pour brouiller le regard. Vous comprenez ?

Prenons un fait : je suis violent. J'ai éliminé l'idée stupide de ne pas être violent ; c'est trop enfantin, trop absurde, ça n'a aucun sens. « Ce qui est » est un fait, je suis violent. Je vois aussi que lutter pour m'en défaire, pour changer, exige un effort, et que l'effort fait partie de la violence. Pourtant je suis conscient qu'il faut changer complètement cette violence, il faut la transformer – une véritable mutation est indispensable.

Alors, comment faire ? Si j'abandonne le sujet parce que c'est trop difficile, je passe à côté d'un état extraordinaire, d'une vie sans effort, donc une vie de grande sensibilité, qui est la plus haute forme d'intelligence. Et seule cette intelligence portée à un degré extrême peut découvrir les limites et la mesure du temps – et aller au-delà.

Est-ce que vous comprenez la question, le problème ? Jusqu'ici, pour nous débarrasser de « ce qui est », nous avons utilisé l'idéal comme moyen ou comme motivation, et cela génère la contradiction, l'hypocrisie, la dureté et la brutalité. Congédions cet idéal et nous nous retrouvons avec le fait. Alors nous voyons que le fait doit être changé, mais changé sans la moindre friction : toute friction, toute lutte, tout effort détruit la sensibilité de l'esprit et du cœur.

Alors, que faire ? On en vient à ceci : à observer le fait. À observer le fait sans traduire, sans interpréter, loin de toute identification, condamnation ou évaluation – simplement observer.

9. La nature de l'observation

Vous savez, on m'a expliqué que lorsque l'on mesure l'activité d'un électron dans une machine il a un certain type de comportement, mais que s'il est observé par l'œil humain dans un microscope, l'observation humaine modifie le comportement de l'électron. Je veux dire que l'observation humaine provoque chez l'électron un changement de comportement – il a un comportement différent de celui qu'il a lorsqu'il n'est pas observé par l'esprit humain.

Eh bien, si vous ne faites qu'observer un fait, vous constaterez un changement de comportement – exactement comme l'électron quand il est observé. Quand vous regardez le fait sans exercer la moindre pression, ce fait subit une mutation complète, un changement complet, sans effort.

10. La solitude, c'est vivre exclusivement dans la prison du « moi »

Et il y a la souffrance de la solitude. Ne vous êtes-vous jamais sentis totalement seuls, n'avez-vous jamais compris tout à coup que vous n'avez de relation avec personne ?

[...]

Cette solitude est une sorte de mort. Nous l'avons dit, on ne meurt pas seulement quand la vie s'achève. On meurt aussi quand personne ne répond, quand il n'y a aucune porte de sortie. Être condamné à perpétuité à la prison de notre activité égocentrique, c'est aussi une forme de mort. Être prisonnier de vos pensées personnelles, de votre tourment personnel, de vos superstitions personnelles, de votre mortelle routine quotidienne d'habitude et d'irréflexion, cela aussi c'est la mort – il n'y a pas que la mort du corps.

11. L'attention

Je pense donc qu'au lieu de chercher une solution à nos problèmes immédiats nous devrions plutôt découvrir si l'esprit – l'esprit conscient, mais aussi l'inconscient profond qui garde en dépôt toute la tradition, les souvenirs, tout l'héritage du savoir racial – peut se débarrasser de tout cela.

Et je pense que seul peut le faire un esprit capable d'être attentif sans aucune trace d'attente, sans la moindre tension – simplement attentif. Mais être aussi attentif me semble l'une des choses les plus difficiles au monde, car nous sommes pris dans l'imminence des problèmes donc l'urgence de leur solution, et de ce fait nos vies sont très superficielles.

12. Penser juste et l'attention

La pensée juste et le fait de *penser juste* sont deux états bien distincts. La pensée juste, c'est le pur conformisme à un schéma, à un système. La pensée juste est statique et elle comporte la friction continuelle du choix.

Penser juste, penser vrai, voilà ce qui est à découvrir. Cela ne peut pas s'apprendre. Cela ne peut pas se pratiquer. Penser juste est un mouvement de connaissance de soi d'instant en instant. Ce mouvement de connaissance de soi naît dans l'attention à la relation.

[...]

Penser juste ne peut apparaître que dans l'attention à chaque pensée, à chaque ressenti – une attention que l'on n'accorde pas seulement à une certaine catégorie de pensées ou de sentiments, mais à chaque pensée et à chaque sentiment.

13. La pensée ne sera jamais libre

Nous devons comprendre très clairement que notre pensée est la réponse de la mémoire. Or la mémoire est mécanique et le savoir toujours incomplet – donc tout penser issu du savoir est limité, partial, il n'est jamais libre. Il n'y a pas de « liberté de pensée ». Mais nous pouvons commencer à découvrir une liberté qui n'est pas un processus mental, une liberté dans laquelle l'esprit est simplement conscient de tous ses conflits – et de toutes les influences qui pèsent sur lui.

4

L'*insight*, l'intelligence : une révolution dans votre vie

1. L'intellect n'est pas l'intelligence

Exercer l'intellect ne mène pas à l'intelligence. L'intelligence apparaît quand l'intellectuel et l'émotionnel agissent en parfaite harmonie. Entre intelligence et intellect la différence est immense. L'intellect est simplement de la pensée qui fonctionne indépendamment de l'émotion. En développant cet intellect dissocié de l'émotion dans un domaine donné, on peut obtenir un bel intellect mais ce n'est certainement pas l'intelligence. Car l'intelligence renferme la capacité naturelle de ressentir autant que de raisonner. Dans l'intelligence, ces deux qualités coexistent à égalité, en harmonie et en intensité.

Or l'éducation moderne développe l'intellect : elle offre de plus en plus d'explications sur la vie, de plus en plus de théories, mais sans la qualité harmonieuse de l'affection. Alors, pour éviter tout conflit, nous avons surdéveloppé notre dextérité mentale, et nous nous satisfaisons des explications que nous offrent scientifiques et philosophes. L'intellect se satisfait de ces innombrables explications mais sûrement pas l'intelligence, car pour comprendre il faut l'union complète de l'esprit et du cœur dans l'action.

[...]

Tant que vous n'aborderez pas la totalité de la vie avec votre intelligence, au lieu de n'y employer que votre intellect, aucun système au monde ne sauvera l'homme de peiner sans relâche pour gagner son pain.

2. L'intelligence et l'attention pourraient consumer les problèmes

Il est évident que penser est conditionné : il n'y a pas de pensée libre. Penser ne peut jamais être libre, c'est le produit de notre conditionnement, de notre arrière-fond, de notre culture, du climat, de notre milieu social, économique et politique. Chaque livre que vous lisez, chaque activité que vous pratiquez a ses racines dans ce substrat, donc penser est forcément le produit de ce substrat.

Maintenant, si nous pouvons être conscients – et nous allons examiner ce que signifie être conscients –, nous pourrons peut-être déconditionner l'esprit sans faire intervenir la volonté, sans prendre la décision de le déconditionner. Car dès que l'on prend une décision, une entité décide, celle qui dit : « Je veux déconditionner mon esprit. » Comme cette entité naît précisément de notre désir d'un résultat, le conflit est déjà latent. Alors, peut-on prendre conscience de notre conditionnement, en être simplement conscient ? En cela il n'y a pas trace de conflit. La prise de conscience pourrait peut-être d'elle-même consumer les problèmes – si on la laisse agir.

3. La compréhension survient quand le cerveau est silencieux

Bien. Quand comprenez-vous ? Quand la compréhension survient-elle ? Je ne sais pas si vous avez remarqué que la compréhension naît dans un esprit très silencieux, ne serait-ce que l'espace d'une seconde : quand la pensée cesse de bavarder survient un éclair de compréhension. Faites-en l'expérience et vous verrez que l'éclair de compréhension, l'incroyable rapidité de l'*insight*, survient quand l'esprit est tout à fait au repos, quand la pensée est absente, quand l'esprit est délivré de son propre bruit. Donc la compréhension – de quoi que ce soit, d'une peinture moderne, d'un enfant, de votre femme, de votre voisin, ou la compréhension de la vérité qui se trouve en toutes choses – ne peut émerger que dans un esprit vraiment immobile. Or on ne peut pas cultiver l'immobilité : un esprit que l'on a rendu immobile est un esprit mort.

Pourtant, cet esprit immobile, cet esprit silencieux est indispensable si l'on veut comprendre. C'est une évidence pour ceux qui en ont fait l'expérience. Plus vous vous intéressez à quelque chose, plus vous avez l'intention de comprendre, plus l'esprit est simple, clair, libre. Et la verbalisation s'arrête. Car, après tout, la pensée, c'est le mot, et c'est le mot qui parasite. Le paravent des mots, c'est-à-dire la mémoire, s'interpose entre le défi et la réponse au défi. Donc c'est le mot qui répond. Nous appelons cela l'intellection.

Mais l'esprit qui bavarde, l'esprit qui fait des phrases, ne peut pas comprendre la vérité – la vérité dans la relation, pas une Vérité abstraite, il n'y a pas de vérité abstraite. Cependant la vérité est très subtile et cette subtilité la rend difficile à suivre. Elle n'a rien d'abstrait. Elle survient si rapidement, si obscurément que l'esprit ne peut s'en emparer. Elle vient dans l'ombre, comme un voleur dans la nuit, jamais quand vous êtes prêts à la recevoir : si vous êtes prêts à recevoir, c'est votre avidité qui invite.

Un esprit piégé dans la nasse des mots ne peut pas comprendre la vérité.

4. L'analyse paralyse l'intelligence

Si je puis me permettre une suggestion, la première chose à faire est de découvrir pourquoi vous pensez d'une certaine façon, pourquoi vous ressentez d'une certaine manière. N'essayez pas de changer quoi que ce soit, n'essayez pas d'analyser vos pensées et vos émotions, mais prenez conscience de l'ornière particulière de votre pensée, voyez le motif qui vous pousse à agir. Ce motif, on peut le découvrir par l'analyse, l'analyse permet de découvrir des choses, mais celles-ci n'auront aucune substance. Les choses ne deviennent réelles que si vous êtes intensément conscient *à l'instant où* opère votre pensée ou votre émotion. Vous verrez alors leur subtilité extraordinaire, leur belle délicatesse.

Tant que vous serez dans la contrainte du « je dois » et « je ne dois pas », vous ne découvrirez jamais cet agile vagabondage de la pensée et de l'émotion. J'en suis certain, vous avez tous été à l'école du « il faut » et « il ne faut pas », et vous y avez ruiné votre pensée et votre ressenti. Vos éducateurs vous ont ficelés, paralysés à coups de systèmes et de méthodes. Alors maintenant laissez tomber tous ces « il faut » et « il ne faut pas ». Il ne s'agit pas de glisser dans le dévergondage, mais devenez conscient d'un esprit qui dit sans arrêt : « je dois » ou « je ne dois pas ». Alors, comme une fleur s'ouvre tout à coup un beau matin, l'intelligence apparaît : elle est là, elle fonctionne, elle crée la compréhension.

5. Se libérer de l'ego

Pour libérer l'esprit de tout conditionnement, il convient de le percevoir tout entier sans pensée. Ce n'est pas une énigme, faites-en l'expérience et vous verrez.

Voyez-vous quoi que ce soit sans pensée ? Vous est-il jamais arrivé d'écouter, de regarder, sans mettre en branle tout ce processus de réaction ? Vous allez me dire que voir sans pensée est impossible, vous assurerez qu'aucun esprit n'est capable de se déconditionner : en disant cela, vous venez de vous bloquer mentalement. Car le fait est que vous ne savez pas.

Alors, puis-je regarder ? L'esprit peut-il prendre conscience de son conditionnement ? Je pense qu'il le peut. Faites l'expérience, s'il vous plaît. Pouvez-vous prendre conscience d'être hindou, socialiste, communiste, ceci ou cela, simplement en être conscient, sans dire que c'est bien ou mal ? Voir, sans plus, est une tâche tellement ardue que nous la déclarons impossible. Et je dis que, si vous êtes conscients de la totalité de votre être sans nulle réaction, le conditionnement disparaît, totalement, jusqu'au fond – c'est réellement la liberté de l'ego.

6. L'ignorance, c'est ne pas se connaître soi-même

L'ignorance est la méconnaissance des procédés de l'ego et ni les activités superficielles, ni les réformes ne dissiperont cette ignorance. Elle ne disparaîtra que si l'on est conscient en permanence des mouvements et des réactions de l'ego dans tous ses rapports.

Nous devons saisir ceci : si nous sommes conditionnés par le milieu, nous sommes *aussi* le milieu, nous ne sommes pas des êtres à part. Nos pensées et nos réactions sont conditionnées par les valeurs que nous a imposées la société dont nous faisons partie.

7. Notre cerveau humain a pris un mauvais virage en distinguant « moi » du « non-moi »

Nous ne percevons jamais que nous sommes l'environnement car nous abritons de nombreuses entités, qui toutes gravitent autour du « moi », de l'ego. L'ego est constitué de ces entités qui ne sont rien d'autre que des désirs de toutes sortes. De ce conglomérat de désirs surgit la figure centrale, le penseur, le vouloir du « moi » et du « mien » – et dès lors une division s'installe entre l'ego et ce qui n'est pas l'ego, entre moi et l'environnement ou la société. Cette séparation est le début du conflit, du conflit intérieur et des conflits du monde.

Prendre conscience de tout ce processus conscient et sous-jacent, c'est la méditation. Par elle l'ego, avec ses désirs et ses conflits, est transcendé. La connaissance de soi est indispensable pour se délivrer des influences et des valeurs qui sont le repaire de l'ego. Seule cette libération permet la création, la vérité, Dieu, peu importe le terme.

L'opinion et la tradition ont modelé nos esprits et nos sentiments depuis l'âge le plus tendre, celui où les influences et les impressions immédiates produisent des effets puissants et durables, et forgent tout le cours de notre vie consciente et inconsciente. Le conformisme commence dès l'enfance, par l'éducation et par l'impact de la société.

Le désir d'imiter est un facteur très puissant dans nos vies, non seulement au niveau superficiel mais en profondeur. Nous avons rarement une pensée, une émotion indépendante. Si elle se produit, elle n'est que pure réaction, elle n'est donc jamais émancipée du modèle établi car il n'y a aucune liberté dans la réaction.

[...]

À cause de notre dépendance intérieure, nous subissons l'emprise de la tradition. Et un esprit qui pense dans la droite ligne de la tradition est incapable de découvrir ce qui est neuf. À force de nous conformer, nous devenons de médiocres imitateurs, les rouages d'une cruelle machine sociale. Mais ce qui importe, c'est ce que nous pensons, pas ce que d'autres veulent nous faire penser.

Se conformer à la tradition, c'est devenir très vite « comme il faut », de pures copies.

Vouloir être « comme il faut » engendre la peur, et la peur assassine la pensée créative. La peur paralyse l'esprit et le cœur, nous ne nous éveillons pas au sens complet de la vie, nous devenons insensibles à nos propres souffrances, à l'envol des oiseaux, au sourire et à la détresse des autres.

8. Savoir, sagesse, intelligence

On ne peut pas comparer le savoir et l'intelligence, le savoir n'est pas la sagesse. La sagesse n'est pas commercialisable, elle n'est pas une marchandise que l'on achète au prix d'un apprentissage ou d'une discipline.

On ne trouve pas la sagesse dans les livres. On ne peut ni accumuler, ni mémoriser, ni engranger la sagesse. La sagesse apparaît avec l'abandon de l'ego.

Il est plus important d'avoir l'esprit ouvert que d'apprendre. Et il est possible d'avoir l'esprit ouvert, non pas en le farcissant d'informations, mais en étant conscients de nos pensées et de nos sentiments, en nous observant avec soin, nous-mêmes et ce qui nous influence, en écoutant les autres, en observant le riche et le pauvre, l'humble et le puissant. La sagesse n'émanera jamais de la peur ou de l'oppression, elle naît de l'observation et de la compréhension des incidents de chaque jour dans les rapports humains.

[...]

L'intelligence est infiniment plus haute que l'intellect, elle est la fusion de la raison et de l'amour. Mais il n'y a d'intelligence que dans la connaissance de soi, dans la compréhension intime de tout le mécanisme de soi-même.

[...]

Nous devons être conscients de notre conditionnement et de ses réactions, tant collectives que personnelles. Ce n'est qu'en étant totalement conscients des activités de l'ego, de ses désirs et de ses quêtes contradictoires, de ses espoirs et de ses peurs, qu'il devient possible de le transcender.

Aimer et penser juste : cela seul produira une révolution véritable, la révolution en nous-mêmes.

5

L'évasion, la distraction, le plaisir

1. La technologie procure de plus en plus de loisir

Grâce à l'automatisme, au développement de la cybernétique, de l'intelligence artificielle, etc., l'homme dispose de plus en plus de loisir. Ce temps libre, il va l'employer à se distraire, dans des passe-temps religieux ou d'autres formes de distraction, ou bien il va se lancer dans des projets de plus en plus destructeurs pour la relation humaine, ou encore il va mettre ce loisir à profit pour revenir en lui-même. Il n'a que ces trois options.

La technologie lui permet d'aller dans la Lune mais ce n'est pas cela qui résoudra le problème humain. Pas plus que de consacrer son temps libre à la religion ou à d'autres amusements – l'église, le temple, la foi, les dogmes, la lecture des livres sacrés, ne sont en fait que des formes d'amusement. Alors peut-être l'homme va-t-il entrer profondément en lui-même, questionner toutes les valeurs inventées par l'humanité au fil des siècles et tenter de découvrir s'il existe quelque chose de plus que les produits de son cerveau.

Partout dans le monde, des groupes entiers se révoltent contre l'ordre établi, prennent des drogues, refusent de prendre part à toute activité de la société, etc. Ne vous méprenez pas, je n'ai jamais pris de drogue car pour moi tout stimulant est profondément nocif. Tout stimulant : on peut être stimulé en écoutant l'orateur ou par la boisson, le sexe ou la drogue ; on peut aussi aller à la messe et y éprouver un certain état de tension émotionnelle. Mais tout stimulant, aussi sophistiqué soit-il, abrutit l'esprit en le rendant dépendant : il y imprime une certaine habitude et le rend apathique.

2. Les évasions sont le désir de s'oublier soi-même

Comme nos conflits sont aussi mesquins et étriqués que nos ambitions, nous cherchons à nous identifier à quelque chose : si ce n'est pas Dieu, c'est l'État, le gouvernement, les gens au pouvoir, la société. Si ce n'est pas cela, alors ce sera l'utopie, la merveilleuse société que nous allons bâtir à un horizon très lointain – et si pour la bâtir vous devez supprimer un tas de gens, cela ne vous empêche pas de dormir. Et puis, si vous ne croyez à aucune de ces choses, vous ne pensez qu'à prendre du bon temps et à vous perdre dans les choses matérielles – on vous traitera de matérialiste, comme on appelle spirituel celui qui cherche à s'oublier dans le monde de l'esprit. L'un s'oublie au cinéma, l'autre dans les livres ou les rituels, un autre médite assis au bord d'un fleuve, ayant renoncé au monde, mais l'intention est la même pour tous : déposer tout ce fardeau, se fondre dans n'importe quelle activité ou s'abîmer dans la dévotion à quelque chose. Nous nous sentons si petits : nous ressentons le désir de nous perdre.

L'ego ne vous semble peut-être pas si petit à vous, les jeunes, mais vous verrez en vieillissant comme tout cela manque de substance, de portée : ce n'est que l'ombre d'une existence, avec quelques rares qualités et une profusion de luttes, de chagrins et de souffrances, rien d'autre. Alors nous nous en lassons très vite et nous regardons ailleurs pour nous oublier – c'est ce que nous faisons tous. Les riches cherchent l'oubli dans les night-clubs, les distractions, les voitures et les voyages. Les brillants esprits aussi veulent s'oublier, alors ils inventent et ils adoptent des croyances invraisemblables. Les plus stupides cherchent à s'oublier en suivant quelqu'un, ils ont leur gourou qui leur dit quoi faire. Même les ambitieux cherchent l'oubli dans leurs entreprises. Tous, en mûrissant, en avançant en âge, nous voulons nous oublier, alors nous voulons découvrir une chose plus élevée à laquelle nous identifier.

3. S'évader de « ce qui est » crée l'esclavage

L'évasion collective est la suprême sécurité. Si l'on fait face à ce qui est, on peut y faire quelque chose, mais prendre la fuite devant ce qui est nous rend infailliblement stupides et veules, esclaves de la sensation et de notre confusion.

4. La dépendance souligne le vide de nos existences

C'est par désir de sensation que l'on s'attache à la musique, que l'on veut posséder la beauté. Notre dépendance à des lignes et des formes extérieures ne fait que trahir le vide de notre être, vide que l'on comble avec de la musique, de l'art, ou un silence délibéré. Or c'est parce que nous meublons, que nous tapissons sans cesse de sensations ce vide immuable qu'existe la peur éternelle de « ce qui est », de ce que nous sommes.

Les sensations ont un commencement et une fin, on peut les répéter et les amplifier. Mais l'expérience, elle, sort des limites du temps. Il est essentiel de faire l'expérience, mais la poursuite de la sensation nous en empêche. Les sensations sont limitées, personnelles, elles engendrent le conflit et la détresse. En revanche, faire l'expérience – qui est tout autre chose que répéter une expérience – ne connaît pas la continuité. Ce n'est qu'en faisant l'expérience qu'il y a un renouveau, une transformation.

5. Pourquoi le sexe est-il l'évasion universelle ?

Pourquoi la sexualité est-elle devenue un tel problème dans nos existences ? Examinons-le sans aucune gêne, sans anxiété ni peur, et sans condamnation : pourquoi est-ce devenu un problème ? Ce l'est sûrement pour la plupart d'entre vous – pourquoi ? C'est une question que vous ne vous êtes probablement jamais posée. Alors, découvrons-la.

Toute la question du sexe est que, pendant l'acte, l'ego semble totalement absent. À cet instant vous êtes heureux car la conscience de vous-mêmes, du « moi », a disparu. Donc vous désirez retrouver cet abandon de l'ego qui recèle un bonheur complet sans passé ni futur, vous exigez ce bonheur absolu né d'une fusion totale, d'une intégration – et l'acte sexuel prend tout naturellement une place énorme. N'est-ce pas ainsi ? Voilà une chose qui m'offre la joie à l'état pur, l'oubli total de moi-même : j'en veux plus, et plus encore.

À présent, pourquoi est-ce que j'en veux plus ? C'est que partout ailleurs je suis en conflit, partout ailleurs, à tous les niveaux de l'existence, l'ego ne fait que se renforcer. Sur tous les plans, économique, social et religieux, la conscience de soi prend de l'épaisseur – c'est le conflit.

D'ailleurs vous n'êtes conscients de vous-mêmes que dans le conflit : la conscience de soi est par nature le fruit du conflit. Et en dehors de l'acte sexuel, nous sommes en conflit partout. Dans tous nos rapports avec les possessions, les gens et les idées, c'est le conflit, la douleur, la lutte et la détresse. Il n'y a que dans l'acte sexuel, et là seulement, que tout cela cesse complètement. Il est bien naturel d'en vouloir plus : il offre le bonheur là où tout le reste n'est que détresse, troubles, conflits, désarroi, antagonisme, guerre et destruction. L'acte sexuel devient tout ce qui a du sens, tout ce qui compte.

Donc, le problème n'est pas le sexe, bien sûr, le problème c'est de se libérer de l'ego. Vous avez goûté à cet état d'être d'où l'ego est absent – pour quelques secondes, ou une journée, peu importe – et dès que l'ego revient, reviennent le conflit, le tourment et la lutte. L'on cherche donc constamment à retrouver cet état sans ego. Seulement le problème central reste le conflit à tous les niveaux, et non comment nier l'ego.

Vous cherchez le bonheur, un état dans lequel l'ego et ses conflits sont absents, un état que vous trouvez momentanément dans l'acte sexuel. Ou bien vous vous jetez dans la discipline : vous luttez, vous vous contrôlez, vous irez jusqu'à vous détruire à force de vous réprimer. Mais tout cela n'a qu'un but, vous libérer du conflit. Parce que, quand le conflit prend fin, la joie apparaît. Si l'on peut se libérer du conflit, le bonheur est là à tous les niveaux de l'existence.

6. Qu'y a-t-il de mal dans le plaisir ?

À présent, pourquoi ne devrait-on pas avoir de plaisir ? Vous voyez un beau coucher de soleil, un bel arbre, les amples méandres d'un fleuve ou un beau visage : regarder cela est un grand plaisir, un enchantement. Où est le mal? Il me semble que tout se complique et devient pénible quand ce visage ou ce fleuve, ce nuage ou cette montagne se grave dans la mémoire, car alors celle-ci réclame la continuité de ce plaisir. Nous voulons que ces choses-là se répètent.

Nous connaissons tous cela: j'ai eu un certain plaisir, vous avez été enchanté par quelque chose, nous en voulons la répétition. Qu'il s'agisse de sexe, d'art, d'intellect ou d'un tout autre sujet, nous voulons la répétition – et pour moi c'est là que le plaisir commence à obscurcir le jugement et à créer des valeurs fausses, irréelles.

Donc, ce qui compte est de comprendre le plaisir, pas de chercher à s'en débarrasser – ce serait trop stupide: personne ne peut se débarrasser du plaisir. Mais comprendre la nature et la structure du plaisir est vraiment essentiel car une vie de plaisirs, si c'est vraiment cela que l'on veut, n'est faite que de tourments, d'incohérences et d'illusions, de valeurs fausses créées par nous-mêmes. On n'y voit aucune clarté.

7. Quand le plaisir est frustré

Est-ce que nous comprenons bien le plaisir qu'il y a à s'accomplir, à être quelqu'un, à être reconnu dans le monde comme auteur, comme peintre, comme un «grand homme»? Réalisons-nous le plaisir de dominer, le plaisir de l'argent, le plaisir de faire vœu de pauvreté, le plaisir que l'on ressent à faire une foule de choses? Et voyons-nous que, lorsque ce plaisir nous est refusé, surgissent la frustration, l'amertume et le cynisme ? Il faut être conscient de ce mouvement, à la fois physique et mental. Alors on en vient à se demander : quel est le rôle du désir dans le plaisir ?

8. Le plaisir pour échapper au vide ?

Voyez-vous, il existe deux sortes de vide. Il y a un vide où l'esprit se regarde et dit : « Je me sens vide » et il y a le vide réel. Il y a un vide que je veux combler parce que je déteste ce vide, cette solitude, cet isolement, cette impression d'être totalement coupé de tout. Chacun connaît sûrement cette impression, parfois superficielle et fugace, et parfois très intense. Dès que l'on en prend conscience on la fuit, bien sûr, on cherche à la dissimuler sous des connaissances ou en nous servant de la relation – l'exigence d'union parfaite entre l'homme et la femme, et toutes ces théories. C'est vraiment ce qui se passe, n'est-ce pas ? Je n'invente rien. Si l'on s'est un peu observé, si l'on est entré un peu en soi-même – un peu, pas énormément, cela viendra plus tard – on sait que c'est un fait.

Donc on commence à découvrir que dès qu'apparaît ce sentiment d'infinie solitude, cette vacuité – qui est une conclusion de l'esprit qui s'examine et se voit vide –, surgit en même temps l'envie, la pulsion formidable de combler ce vide, de trouver quelque chose pour le colmater.

Ainsi, consciemment ou inconsciemment, on est conscient de cet état de… je n'aime pas trop employer le terme « vide », car c'est un très beau mot. Une coupe ou une salle sont utiles quand elles sont vides. Mais si la coupe est pleine ou la salle encombrée de mobilier, elles ne servent plus à rien. La plupart d'entre nous sommes vides, mais nous nous remplissons de toutes sortes de bruits, toutes sortes de plaisirs, toutes sortes d'évasions.

9. Comprendre le plaisir n'est pas le renier

Si l'on ne comprend pas le plaisir, il n'y aura pas de fin à la souffrance.

Comprendre le plaisir n'est pas le renier, car le plaisir est l'une des exigences fondamentales de la vie, comme la jouissance. Quand vous voyez un arbre superbe, un beau coucher de soleil, un joli sourire sur un visage, la lumière sur une feuille, vous en jouissez vraiment, c'est un réel enchantement.

10. N'y introduisez pas la pensée

Quand vous voyez une chose extraordinairement belle, débordante de vie et de beauté, ne laissez jamais la pensée s'en mêler. Car la pensée est vieille, dès qu'elle touche quelque chose elle le pervertit en plaisir – alors arrive l'exigence de plaisir, l'exigence de plus en plus de plaisir. Et si cette exigence n'est pas satisfaite, le conflit naît et la peur surgit.

Alors, est-il possible de regarder une chose sans pensée ?

6

Pourquoi devrions-nous changer ?

1. Changez et vous changerez le monde

Pour comprendre l'ego – notre seule chance de provoquer une révolution radicale, une régénération –, il faut se décider à comprendre tout son mode de fonctionnement. Le mode de fonctionnement de l'individu n'est pas opposable au monde, à la masse, si l'on peut dire, car la masse n'existe pas en dehors de vous – vous êtes la masse.

2. Pourquoi voulons-nous changer ?

D'abord, pourquoi vouloir changer ou transformer ce qui est ? Parce que nous sommes insatisfaits de nous-mêmes, nous n'arrêtons pas de créer conflits et perturbations et cet état nous déplaît, nous voulons quelque chose de mieux, de plus noble, nous voulons plus d'idéalisme. Donc, notre désir de nous transformer vient de la douleur, du malaise et du conflit.

3. Parce que c'est nécessaire

Or, changer radicalement, ce n'est pas changer *à cause* de la société, ce n'est pas changer pour faire le bien, pour gagner le paradis, pour trouver Dieu ou que sais-je encore – vous changez parce que c'est une nécessité en soi. Aimer une chose pour elle-même fait naître une formidable clarté : et c'est cette clarté qui sera la rédemption de l'homme, non les bonnes œuvres ou les réformes.

4. Le changement intérieur transforme la société, non le contraire

On ne mettra jamais fin aux discours, aux arguments et aux explications. Mais les explications, les arguments et les discours n'entraînent pas d'action directe. Pour qu'elle ait lieu, nous devons changer, foncièrement et radicalement, c'est indiscutable. Et aucun pouvoir de conviction, aucune formule, aucune influence extérieure ne nous fera changer foncièrement, au sens absolu de ce mot. Nous avons absolument besoin de changer, mais non selon telle idée, tel principe ou tel concept car, dès que nous avons des idées sur l'action, l'action cesse : il se crée un intervalle de temps, un décalage entre l'idée et l'action et, dans cet intervalle, s'introduit la résistance, ou le conformisme et l'imitation. Nous faisons cela sans arrêt, copier telle idée, telle formule, puis chercher à la mettre en œuvre. Pourtant nous savons bien que nous devons changer, non seulement au-dehors mais en nous, en profondeur, dans la psyché.

Les changements extérieurs sont légion et nous forcent à nous adapter à certains modes d'activité. Mais pour relever le défi du quotidien il faut une révolution en profondeur. Nous avons presque tous une idée, un concept de ce que nous pourrions ou devrions être, mais nous ne changeons jamais fondamentalement. Les idées, les concepts du « je devrais » ne nous font pas changer du tout. Nous ne changeons que lorsque c'est absolument nécessaire, nous ne voyons jamais spontanément la nécessité de changer. Et lorsque nous nous décidons quand même à le faire, ce n'est jamais sans une forte dose de conflit et de résistance, et nous dilapidons une quantité d'énergie à résister, à nous inventer des obstacles.

[...]

S'ils veulent une bonne société, les êtres humains *doivent* changer. Vous et moi devons trouver l'énergie, l'élan, la vitalité de produire cette transformation radicale de l'esprit. Et cela ne se fera pas si nous manquons d'énergie. Nous avons besoin d'énormément d'énergie pour créer le changement en nous, mais nous la dissipons dans le conflit, dans la résistance ou dans le conformisme, l'acceptation, l'obéissance.

Vouloir s'ajuster au modèle établi c'est gaspiller de l'énergie en pure perte.

Pour conserver l'énergie, nous devons nous observer et voir en quoi nous la gaspillons. Mais c'est l'éternel problème : les humains sont indolents et la plupart préfèrent accepter, obéir et suivre. Quand on réalise cette indolence, cette paresse foncière, on cherche à stimuler l'esprit et le cœur, mais l'intensité de l'effort demandé tourne au conflit et c'est à nouveau de l'énergie perdue.

Notre problème – un de nos nombreux problèmes – est de conserver cette énergie. Elle est indispensable pour qu'une explosion ait lieu dans la conscience : une explosion non préméditée, pas un artefact de la pensée, l'explosion qui se produit naturellement quand cette énergie n'est pas gaspillée.

[...]

Il est impératif de mobiliser toute l'énergie afin de produire une révolution radicale au cœur de la conscience – voilà ce dont nous parlons. Car il nous faut un nouvel esprit. Nous devons porter sur la vie un tout autre regard.

7

Quelle est la finalité de la vie ?

1. Quelle est la finalité de la vie ?

Le sens de la vie, c'est de vivre. Mais vivons-nous vraiment ? La vie mérite-t-elle d'être vécue dans la peur, l'imitation, la copie, comme on nous a dressés à le faire ? Obéir à l'autorité, est-ce vivre ? Marcher sur les traces d'un grand saint, d'un grand politicien, d'un grand érudit, est-ce vivre ?

Observez votre façon de vivre, vous verrez que vous ne faites que suivre quelqu'un ou quelque chose. C'est ce suivisme que nous appelons vivre. Et quand la fin est proche, on s'interroge sur le sens de la vie ! Pour vous, en ce moment, la vie n'a aucun sens. Le sens apparaîtra quand vous aurez rejeté toute cette autorité. Or il est très difficile de rejeter l'autorité.

Qu'est-ce qu'être libre de l'autorité ? On peut enfreindre la loi, mais ce n'est pas se libérer de l'autorité. La liberté naît quand on perçoit le processus tout entier, quand on voit l'esprit *créer* l'autorité, car chacun est en pleine confusion et veut l'assurance qu'il est bien en train de mener une vie correcte. Nous voulons que l'on nous dise ce qu'il faut faire, donc nous nous faisons exploiter par les gourous de la spiritualité et les gourous de la science. Tant que l'on copie, que l'on imite et que l'on suit, on ne peut pas connaître le sens de la vie.

Et comment connaître le sens de la vie quand notre seul objectif est la réussite ? Voilà ce qu'est notre vie : nous voulons réussir dans l'existence, tout en jouissant d'une totale sécurité intérieure et extérieure ; nous voulons que quelqu'un nous dise que ce que nous faisons est bien, que nous sommes sur le bon chemin, celui qui mène au salut.

[...]

Toute notre existence se réduit à suivre une tradition, la tradition d'hier ou de milliers d'années. Et nous faisons de chaque expérience l'autorité qui nous guide pour atteindre nos objectifs. Donc nous ne connaissons pas le sens de la vie. Tout ce que nous connaissons c'est la peur : la peur du qu'en-dira-t-on, la peur de mourir, la peur de ne pas obtenir ce que nous voulons, la peur de mal faire, la peur de faire le bien. Nos esprits sont si confus, si englués dans les théories, que nous ne sommes même pas capables de décrire ce que la vie représente pour nous.

La vie est quelque chose d'extraordinaire. Mais celui qui demande quel est le sens de la vie attend une définition, donc tout ce qu'il en connaîtra, c'est la définition, des mots et rien d'autre. Il n'en connaîtra pas la signification plus profonde, la richesse extraordinaire, la sensibilité à la beauté – l'immensité du fait de vivre.

2. Qu'est-ce que la vie ?

Pour discuter de la finalité de la vie, examinons le sens que nous donnons aux mots « vie » et « finalité » – la définition du dictionnaire et aussi le sens que nous attribuons à ces mots. La vie implique, bien sûr, l'activité quotidienne, les pensées quotidiennes et les sentiments quotidiens, n'est-ce pas ? Elle comporte les luttes, les chagrins, les angoisses, les déceptions, les soucis, la routine du travail, des affaires, la bureaucratie, etc. Tout cela c'est l'existence, n'est-ce pas ? Mais la vie, pour moi, ne se cantonne pas à cette seule couche de conscience. La vie, c'est la vie tout entière, c'est-à-dire notre relation aux choses, aux gens et aux idées. Voilà ce qu'est la vie, elle n'est pas une chose abstraite.

Alors, si nous la comprenons bien ainsi, la vie a-t-elle une finalité ? N'est-ce pas plutôt que nous ne comprenons rien aux voies du vivant – la douleur, l'inquiétude, la peur, l'ambition, l'avidité – et pas grand-chose aux activités quotidiennes de notre existence ? Donc nous lui cherchons une finalité, lointaine ou proche, distante ou accessible, une finalité qui nous aide à guider cette existence quotidienne vers un objectif. C'est bien de cela qu'il s'agit quand nous parlons de finalité. Mais si je comprends comment vivre, le seul fait de vivre n'est-il pas suffisant ?

[...]

De toute façon, c'est bien selon mes préjugés, ma volonté, mes désirs et mes prédilections que je vais décider de la finalité de la vie. Donc c'est mon désir qui crée la finalité. Cela ne peut en aucun cas être la finalité de la vie !

Maintenant, qu'est-ce qui est le plus important : découvrir la finalité de la vie ou libérer l'esprit de son conditionnement afin qu'il puisse poser des questions ? Pour l'esprit délivré de son conditionnement, la finalité c'est peut-être la liberté elle-même. D'ailleurs ce n'est que dans la liberté que l'on peut percevoir la vérité.

Donc, la première demande n'est pas la découverte de la finalité de l'existence, c'est la demande de liberté.

3. Quel est l'objectif de la vie ?

Quel est le sens de la vie ? Quelle est la finalité de la vie ? Pourquoi poser cette question ? Vous la posez parce que vous êtes intérieurement en plein chaos et qu'autour de vous tout n'est qu'incohérence et incertitude. Vous êtes incertains et vous voulez quelque chose de certain. Vous voulez un dessein solide dans la vie, un objectif clair, parce qu'en vous-mêmes tout n'est que tâtonnement.

[…]

Donc connaître la finalité de la vie est sans importance, il faut comprendre la confusion dans laquelle on se trouve, la détresse, les peurs et toutes ces choses. Mais nous ne comprenons pas ce désarroi, nous voulons seulement nous en débarrasser. Pourtant le réel est ici, pas là-bas. Un homme sérieux ne demande pas quelle est la finalité de la vie : son seul souci est de tirer au clair la confusion et la souffrance qui le retiennent captif.

4. Comprendre nos tourments quotidiens sans les fuir

Pour comprendre la véritable signification de ce qu'est « vivre », il faut comprendre le calvaire quotidien de notre vie compliquée, on ne peut pas y échapper. Comprendre la société dans laquelle nous vivons ne doit pas être laissé au philosophe, au maître ou au gourou, c'est l'affaire de chacun de nous. Notre façon de vivre doit changer totalement, elle doit être transformée. Pour moi c'est ce que nous avons de plus important à faire, et rien d'autre.

5. Pourquoi sommes-nous en vie ?

Un auditeur. — *Nous vivons sans savoir pourquoi. Pour beaucoup d'entre nous, la vie paraît dépourvue de sens. Pouvez-vous nous expliquer le sens, la finalité de notre vie ?*

D'abord, pourquoi posez-vous cette question ? Pourquoi me demander à moi de vous expliquer le sens de la vie, la finalité de la vie ? Qu'entendons-nous par « la vie » ? La vie a-t-elle un sens, une finalité ? Vivre n'est-il pas sa propre finalité, sa propre signification ? Pourquoi vouloir plus ?

C'est que nous sommes tellement insatisfaits de notre vie. Notre existence est vide, elle est si médiocre, il est si monotone de faire la même chose encore et encore. Nous voulons quelque chose de mieux, quelque chose qui aille plus loin que ce que nous faisons actuellement. Cette vie quotidienne est creuse, bornée, insignifiante, si ennuyeuse, si intolérablement stupide – alors on se dit que la vie doit avoir un sens plus complet. Voilà pourquoi vous posez cette question.

Une chose est sûre : celui qui a une vie riche, celui qui voit les choses comme elles sont, qui est content de ce qu'il a n'est pas confus, il est clair. Il ne pose pas la question du sens de la vie, pour lui vivre est le commencement et la fin. Notre problème est le vide de notre existence, qui nous pousse à avoir un objectif et à lutter pour l'atteindre. Ce « but dans la vie » n'est qu'un concept intellectuel sans aucune réalité. Le but recherché par un esprit apathique et stupide, par un cœur sec, ne peut être qu'une coquille vide.

En réalité, nous voulons une vie plus riche, non d'argent mais de richesse intérieure – ce n'est pas si difficile à décoder. Quand vous prétendez que le but de la vie est le bonheur, que le but de la vie est de trouver Dieu, il saute aux yeux que votre désir de Dieu n'est qu'une fuite devant la vie. Et votre Dieu n'est qu'un objet connu, car on ne peut tracer une route que vers ce que l'on connaît déjà. Si vous fabriquez une échelle pour atteindre ce que vous appelez « Dieu », ce n'est pas de Dieu qu'il s'agit, c'est évident !

On comprend la réalité en la vivant, pas en la fuyant. Vous êtes en quête d'un but à la vie parce qu'en réalité vous la fuyez, vous refusez de comprendre ce qu'elle est. La vie est relation, la vie est action en relation. Mais je ne comprends pas la relation, la communication est brouillée, alors je lui cherche un sens plus profond.

Pourquoi nos vies sont-elles aussi vides ? Pourquoi sommes-nous si solitaires, si frustrés ? C'est que nous n'avons jamais regardé en nous, nous ne nous sommes jamais compris. Nous n'admettons pas que cette vie-ci est tout ce que nous connaissons, et que par conséquent c'est elle qu'il faut comprendre, pleinement et totalement. Nous préférons nous fuir nous-mêmes et chercher une finalité à la vie à mille lieues de la relation.

Or, dès que vous commencez à comprendre l'action, c'est-à-dire votre relation aux gens, aux possessions, à la croyance et aux idées, vous découvrez que la relation porte en elle sa récompense. Vous n'avez pas à chercher. C'est comme chercher l'amour : peut-on trouver l'amour en cherchant ? On ne peut pas cultiver l'amour. On trouve l'amour dans la relation, jamais en dehors de la relation. Et c'est parce que nous n'avons pas d'amour que nous voulons que la vie ait une finalité. Lorsque l'amour est là, il est sa propre éternité. On ne cherche pas Dieu car l'amour est Dieu.

Nos esprits sont tellement bourrés de questions techniques et de marmonnements superstitieux que nos vies sont très vides, donc nous sommes en quête d'un but qui nous dépasse. Pour découvrir la finalité de la vie, nous devons passer par la porte de nous-mêmes. Mais nous évitons, consciemment ou inconsciemment, d'affronter les choses telles qu'elles sont, nous préférons demander à Dieu de nous ouvrir une porte quelque part dans l'au-delà.

Cette question de la finalité de la vie, seuls la posent ceux qui n'aiment pas. On ne découvre l'amour que dans l'action, c'est-à-dire dans la relation.

Deuxième partie

LA CONNAISSANCE DE SOI, CLÉ DE LA LIBERTÉ

1

La peur

1. Peurs de l'extérieur et peurs intimes

Nous sommes submergés par les peurs : nous avons nos peurs du monde extérieur et aussi nos peurs intimes. Dans le monde extérieur, on a peur du chômage, peur de manquer de nourriture, de perdre notre situation, peur des manières déplaisantes de notre patron. Mais en nous aussi la peur est grande : peur de ne pas exister, peur de ne pas réussir, peur de la mort, peur de la solitude, peur de ne pas être aimé, peur de nous ennuyer mortellement, etc.

2. La peur exclut la liberté psychologique

Ainsi, notre principal problème, le seul qui soit vraiment essentiel, est de nous libérer de la peur.

Savez-vous ce que fait la peur ? Elle plonge l'esprit dans le noir. Elle rend l'esprit veule. La peur fait surgir la violence. Elle pousse à rendre un culte à quelque chose.

3. La peur physique est une réaction animale

Il y a d'abord la peur physique, c'est la réaction animale. Nous avons beaucoup d'animalité en nous, une grande partie de la structure de notre cerveau est héritée de l'animal, c'est un fait scientifique – ce n'est pas une théorie, c'est un fait. Les animaux sont violents, les humains aussi. Les animaux sont gourmands, ils aiment être flattés, ils adorent les caresses, ils quêtent le réconfort – les humains aussi. Les animaux sont territoriaux et prompts à rivaliser – les humains aussi. Les animaux vivent en groupe, les humains aussi aiment à travailler en groupe. Les animaux ont une structure sociale, les humains également. On pourrait multiplier les exemples, mais c'est assez pour voir qu'il reste en nous beaucoup de l'animal.

4. Peut-on se libérer des deux conditionnements ?

Pouvons-nous nous libérer du conditionnement animal mais aussi aller bien plus loin et découvrir, réellement, pas seulement verbalement, si l'esprit est capable de dépasser le conditionnement de la société, de la culture dans laquelle il a grandi ? Pour déboucher sur ce qui relève d'une tout autre dimension, pour le découvrir, il faut être affranchi de la peur.

5. Notre problème est la peur psychologique

Le réflexe d'autoprotection n'est pas de la peur, bien entendu. Nous avons tous besoin d'être nourris, vêtus et abrités – nous tous, pas seulement les riches et les puissants. Nous en avons tous besoin et la solution ne viendra pas des politiciens. Les politiciens ont découpé le monde en pays, comme l'Inde, chaque pays avec son propre gouvernement souverain, sa propre armée et toute la venimeuse absurdité du nationalisme. Or il n'y a qu'une seule question politique : il faut créer l'unité entre les humains. Et cela ne se produira pas si vous restez accrochés à votre nationalité, à vos misérables divisions.

[…]

Quand la maison brûle, vous ne donnez pas votre avis sur l'homme qui apporte de l'eau, vous ne discutez pas de la couleur des cheveux de celui qui a allumé l'incendie – vous apportez de l'eau. Le nationalisme a divisé les hommes, les religions ont divisé les hommes. L'esprit nationaliste et la foi religieuse ont séparé les hommes, dressé l'homme contre l'homme. On voit bien comment cela est arrivé : chacun veut vivre séparément dans son petit bourbier personnel.

Il faut cesser d'avoir peur et c'est une des choses les plus difficiles au monde car, pour la plupart, nous n'avons même pas conscience d'avoir peur ou nous ne savons pas de quoi nous avons peur. Et si nous le savons, nous ne savons que faire et nous fuyons devant ce que nous sommes – encore de la peur. Et ce vers quoi nous fuyons nous fait encore plus peur.

Hélas, nous avons déployé tout un réseau d'échappatoires.

6. L'origine de la peur

Comment naît la peur ? La peur de demain, la peur de perdre un emploi, la peur de la mort, la peur de tomber malade, la peur de souffrir ? La peur est une mise en branle de la pensée au sujet du futur ou du passé. J'ai peur de demain, de ce qui pourrait arriver. J'ai peur de la mort, elle est encore à bonne distance mais j'en ai peur. Alors, qu'est-ce qui provoque la peur ? On a toujours peur de quelque chose – sinon on n'a pas peur. On a peur du lendemain ou de ce qui s'est passé, ou de ce qui va arriver. Alors, ce qui déclenche la peur, n'est-ce pas la pensée ?

7. La pensée est l'origine de la peur

Ainsi, la pensée crée la peur. Je pense que je vais perdre mon emploi, ou que je pourrais le perdre, et cette pensée crée la peur. La pensée se projette invariablement dans le temps car *elle est* le temps. Je pense à cette maladie que j'ai eue, je déteste la douleur et j'ai grand peur que cette douleur revienne. J'ai eu l'expérience de la douleur, j'y repense, je n'en veux plus. La peur surgit.

La peur est très intimement reliée au plaisir, or nous sommes presque tous guidés par le plaisir. Pour nous, comme pour l'animal, le plaisir a une importance énorme. Et le plaisir fait partie de la pensée : repenser à une chose qui m'a plu intensifie mon plaisir, n'est-ce pas ? Ne l'avez-vous pas remarqué ? Vous faites l'expérience d'un plaisir – un coucher de soleil ou un plaisir sensuel – et vous y pensez. Penser au plaisir l'intensifie, comme penser à une souffrance passée réveille la peur. Donc la pensée crée à la fois le plaisir et la peur. N'est-ce pas ainsi ? La pensée est responsable de l'exigence de plaisir et de sa continuité, tout comme elle est responsable d'engendrer, d'éveiller la peur. On le voit, n'est-ce pas, c'est un fait expérimental établi.

Alors on se demande s'il serait possible de ne pas penser, ni au plaisir, ni à la souffrance. Peut-on ne penser que lorsque la pensée est requise, et pas autrement ? Quand vous êtes au bureau, quand vous faites votre métier, la pensée est indispensable, sans elle vous ne pourriez rien faire du tout. Pour parler, pour écrire, discuter, travailler, la pensée est nécessaire. Elle doit fonctionner avec précision, de manière impersonnelle, sans se laisser guider par un penchant ou une tendance – là, la pensée est indispensable. Mais est-elle nécessaire dans tout autre champ d'action ?

Suivez bien ceci. La pensée est très importante à nos yeux, c'est notre seul instrument. Or la pensée, c'est la mémoire qui réagit, la mémoire qui accumule depuis toujours l'expérience, le savoir et la tradition, la mémoire qui est le fruit du temps, la mémoire héritée de l'animal. Depuis tout cet arrière-fond, nous réagissons. Cette réaction, c'est penser.

La pensée est essentielle à certains niveaux, mais quand elle se projette psychiquement en tant que futur ou en tant que passé, elle crée la peur ou le plaisir. Pris dans ce processus mécanique, l'esprit s'ankylose peu à peu et c'est l'inaction assurée.

Nous l'avons dit, la peur est l'ouvrage de la pensée : je pourrais perdre mon travail, ma femme pourrait me quitter pour un autre, je pense à la mort, je repense à ce qui est arrivé, etc. Alors, la pensée peut-elle cesser de se préoccuper du passé ou du futur psychologique en croyant assurer sa protection ?

8. L'attention dépourvue de centre

On se demande s'il est possible que la pensée prenne fin, afin que l'on puisse vivre pleinement, complètement. Avez-vous remarqué que lorsque vous êtes tout à fait présent, lorsque vous donnez toute votre attention à quelque chose, il n'y a pas d'observateur, donc pas de penseur ? Qu'il n'y a pas un centre depuis lequel vous êtes en train d'observer ?

9. L'observateur

Quand vous accordez cette attention totale et complète, il n'y a pas du tout d'observateur. Or c'est l'observateur qui enfante la peur, car l'observateur est le pivot de la pensée, c'est lui le « moi », le « je », l'ego – l'observateur est le censeur. S'il n'y a aucune pensée, il n'y a pas d'observateur. Cet état n'est pas un état vacant.

Tout ceci demande énormément d'investigation. Et de ne jamais accepter quoi que ce soit.

10. La racine de toute peur

Dépendre des choses, des gens ou des idées fait naître la peur. La dépendance provient de l'ignorance, du manque de connaissance de soi, d'une pauvreté intérieure. La peur, elle, plonge l'esprit et le cœur dans l'incertitude, elle interdit de communiquer et de comprendre.

C'est en prenant conscience de soi que l'on commence à découvrir, donc à comprendre, la cause de la peur : non seulement la peur superficielle, mais la masse des peurs causales profondément enfouies. La peur est à la fois innée et acquise, elle est liée au passé. Pour en délivrer la pensée et la sensibilité, il faut saisir le passé dans l'instant présent. Le passé est toujours impatient d'enfanter le présent, qui n'est plus alors que la mémoire identifiée du « moi », du « mien », du « je ».

L'ego est la racine de toute peur.

2

La colère et la violence

1. La colère nous donnerait-elle de l'importance ?

La colère a une particularité, elle isole. Comme la souffrance, elle nous retranche du monde : pour un instant tout au moins, toute communication est coupée. La colère possède la vigueur et la vitalité temporaires de ce qui est isolé. Mais il y a un étrange désespoir dans la colère, car l'isolement est un désespoir.

La déception, la jalousie, l'envie de blesser trouvent dans la colère un exutoire violent – et le plaisir de se justifier : en condamnant l'autre on se justifie soi-même. Car, sans adopter une certaine posture, celle de l'homme qui a raison ou de celui qui a tort, qui sommes-nous ? Pour nous affirmer tous les moyens sont bons, et la colère est l'un des plus commodes. Comme la haine.

Un simple emportement, une brusque flambée vite oubliée est une chose. Mais la colère que l'on échafaude délibérément, la colère bien infusée qui cherche à blesser et à détruire, est une tout autre affaire.

2. Causes physiques et psychologiques de la colère

Un emportement peut avoir une cause physiologique que l'on peut détecter et guérir. Mais la colère d'origine psychologique est bien plus subtile et difficile à traiter. Nous sommes rarement gênés par notre colère, l'excuse est toute prête : comment ne pas être en colère quand on nous maltraite ou quand on maltraite autrui ? Notre colère est parfaitement justifiée. Nous ne disons jamais : « Je suis en colère, là ! », nous entrons dans les moindres détails de ses raisons. Jamais nous ne nous disons simplement jaloux ou irrités – nous justifions, nous expliquons, nous mettons en doute que l'amour puisse exister sans jalousie, nous expliquons que, si nous sommes furieux, c'est la faute de l'autre, etc. L'explication, formulée ou implicite, alimente la colère, elle lui donne de l'envergure et de la profondeur.

L'explication est notre bouclier, elle nous sauve d'avoir à découvrir qui nous sommes. Car nous voulons que l'on nous admire, que l'on nous flatte, nous attendons quelque chose. Et lorsque rien ne vient, la déception nous rend amers ou jaloux. Alors, violemment ou subtilement, nous blâmons quelqu'un d'autre, nous le déclarons coupable de notre amertume.

3. La colère gît dans la dépendance

Vous comptez énormément à mes yeux car je dépends de vous pour mon bonheur ou pour ma situation, pour mon prestige. Je me réalise à travers vous, donc vous comptez énormément pour moi, je dois vous protéger, je dois vous posséder. À travers vous, je m'évade de moi-même.

Alors, quand n'importe quoi me renvoie à moi-même, je m'affole de mon état et je me mets en colère. La colère a bien des expressions : le désappointement, la rancœur, l'aigreur, la jalousie, etc.

4. La colère recuite, voilà le problème

La colère que l'on ressasse, le ressentiment, nécessite l'antidote du pardon. Mais la colère ressassée est bien plus significative que le pardon. S'il reste essentiel en cas de ressentiment, le pardon est inutile si l'on n'accumule pas la colère. Mais la liberté face à la flatterie, l'absence de toute trace de blessure – pas la sécheresse de l'indifférence – ouvrent la porte à la miséricorde, à la charité.

On ne viendra pas à bout de la colère par la volonté, la volonté fait partie de la violence. La volonté est un produit du désir, de la pulsion d'exister, et le désir est intrinsèquement agressif et dominateur. Ainsi, utiliser la volonté pour étouffer sa colère, c'est transférer la colère à un niveau différent, en lui donnant un autre nom, mais cela reste de la violence. Pour se libérer de la violence – ce n'est pas pratiquer la non-violence –, il faut comprendre le désir.

5. Les attentes provoquent le chagrin et la colère

Si au lieu de l'écarter d'un revers de main, on examine la colère très en profondeur, qu'est-ce qu'elle implique ? Pourquoi est-on en colère ? Parce que l'on est blessé, quelqu'un a eu une parole désobligeante. Pourtant, quand on vous fait un compliment, vous êtes ravis. Alors qu'est-ce qui est blessé ? C'est votre propre importance, n'est-ce pas ?

Pourquoi cette importance ? Parce que l'on a une idée, une représentation, une image de soi, de ce que l'on devrait être ou de ce que l'on est, ou de ce que l'on ne devrait pas être. Et pourquoi crée-t-on une image de soi ? Parce que l'on n'a jamais vraiment sondé ce que l'on est, on *pense* qu'on devrait être ceci ou cela, l'idéal, le héros, l'exemple. La colère surgit lorsque notre idéal personnel, l'idée que nous avons de nous-mêmes, est attaqué. Et notre idée de nous-mêmes est notre façon d'échapper au fait de ce que nous sommes.

Mais quand vous observez objectivement le fait, ce que vous êtes, personne ne peut vous blesser : si l'on est menteur, se faire traiter de menteur n'est pas blessant, c'est un fait. En revanche, si l'on vous traite de menteur alors que vous jurez ne pas l'être, cela vous rend coléreux et violent.

Nous vivons donc en permanence dans un monde idéal, un monde mythique, jamais dans le monde de la réalité. Pour observer ce qui est, pour le voir, pour qu'il nous devienne vraiment familier, il ne faut ni jugement, ni évaluation, ni opinion – il ne faut pas de peur.

6. La compréhension dissout la colère

Vous devenez la chose que vous combattez, c'est certain. Si je suis en colère et que vous m'abordez en colère, quel est le résultat ? Encore plus de colère. Vous êtes devenu ce que je suis. Si je suis malfaisant et que vous me combattez par de mauvais moyens, vous êtes malfaisant vous-même, même si vous vous sentez justifié à le faire. Si je suis brutal et que vous employez des méthodes brutales pour me mater, vous devenez brutal comme moi. Voilà ce que nous faisons depuis des millénaires.

Il doit bien y avoir une autre approche que d'opposer la haine à la haine ? Si j'adopte la méthode forte pour étouffer ma colère, j'utilise un mauvais moyen pour une juste fin, donc la fin cesse d'être juste. En agissant ainsi je n'ai pas compris la colère, je ne l'ai pas transcendée. Il faut mettre une certaine indulgence à étudier la colère, elle doit être comprise, on ne doit pas la mater par des moyens violents. La colère peut dépendre d'un grand nombre de causes, et sans comprendre celles-ci on n'en sortira jamais.

C'est nous qui avons créé l'ennemi, le bandit, alors devenir l'ennemi de nous-mêmes ne mettra pas fin aux hostilités ! Nous devons comprendre les raisons de l'hostilité et cesser de l'alimenter par nos pensées, nos sentiments et nos actes. C'est une tâche ardue, qui exige une attention constante et une intelligente souplesse d'esprit, car la société et l'État sont ce que nous sommes, l'ennemi et l'ami sont les créatures de notre pensée et de nos actes. C'est nous qui créons l'hostilité, c'est nous qui sommes responsables. Par conséquent il est bien plus important de prendre conscience de nos pensées et de nos actes que de nous inquiéter de l'ennemi ou de l'ami. Car le penser juste met fin à la division. L'amour transcende l'ami et l'ennemi.

7. Les haines individuelles sont un processus historique

Nous voyons ce monde haineux récolter aujourd'hui ce qu'il a semé. Ce monde de haine, ce sont nos pères qui l'ont créé, et leurs pères avant eux, et nous aujourd'hui – l'ignorance remonte à perte de vue dans le passé. Car la haine n'a pas pris naissance toute seule, elle est le fruit de l'ignorance de l'homme, c'est un phénomène historique, n'est-ce pas ? Nous collaborons personnellement avec nos prédécesseurs, comme eux-mêmes collaborèrent avec leurs aïeux, pour ne pas interrompre cet enchaînement de haines, de peurs et d'avidités.

Par conséquent, je fais personnellement partie de ce monde de haine aussi longtemps que j'y trouve mon intérêt.

8. Ce que vous êtes, le monde l'est

Le monde est une extension de vous-mêmes. Si, en tant qu'individus, vous désirez abolir la haine, vous devez vous-mêmes cesser de haïr. Pour abolir la haine, vous devez vous dissocier de la haine, sous toutes ses formes, des plus grossières aux plus subtiles, car tant qu'elle vous tient, vous faites partie de ce monde d'ignorance et de peur, ce monde qui est alors une extension de vous-mêmes, votre duplicata – il est vous, multiplié à l'infini.

Le monde n'existe pas en dehors de l'individu. Il peut exister en tant qu'idée, en tant qu'État, en tant qu'organisation sociale, mais pour mener à bien cette idée, pour faire fonctionner cette organisation sociale ou religieuse, il faut l'individu. Et son ignorance, son avidité et sa peur maintiennent toute la structure d'ignorance, d'avidité et de haine de la société.

Alors, si l'individu change, peut-il affecter le monde ? Ce monde de haine, d'avidité, et tout cela ?

[...]

Tant que vous êtes irréfléchis, englués dans l'ignorance, la haine et l'avidité, le monde est une extension de vous-mêmes. Cependant, si vous êtes sérieux, réfléchis et conscients, non seulement vous vous dissociez de ces hideuses sources de chagrin et de souffrance, mais vous allez aussi découvrir dans cette compréhension une plénitude, une totalité.

9. Les causes de la colère et de la violence

Quelles sont les causes de cette violence terrible, brutale, destructrice, qui ravage le monde entier ? Je me demande si vous vous êtes un jour posé la question : pourquoi ? Ou l'acceptez-vous comme une chose inévitable, comme faisant partie de la vie ?

Chacun de nous aussi est violent en privé : nous nous mettons en colère, nous détestons les critiques, nous ne tolérons aucune immixtion dans notre vie personnelle. Nous sommes sur la défensive, donc agressifs, dès que nous tenons à une croyance ou à une doctrine particulière, ou quand nous rendons un culte à notre propre nationalité, à ce bout de chiffon que l'on appelle un drapeau. Donc, individuellement, dans notre vie privée, notre vie intime, nous sommes aussi agressifs et violents qu'au-dehors dans nos rapports avec les autres. Foncièrement ambitieux, avides et âpres au gain, nous sommes donc collectivement agressifs, violents et destructeurs à l'extérieur.

Je me demande pourquoi il en est ainsi aujourd'hui, en cette période de l'Histoire, et pourquoi il en a toujours été ainsi dans le passé. Toutes ces guerres, ces forces aveugles et destructrices déchaînées dans le monde – pourquoi ? Quelle en est la raison ? Bien sûr, déterminer les causes et les raisons ne libérera jamais l'esprit de la violence, mais on est en droit de se demander pourquoi, depuis les temps les plus reculés, les humains ont toujours été violents, brutaux, cruels, agressifs et destructeurs – destructeurs de leur propre espèce. Si vous aussi, vous vous posez cette question, sachant que les explications et les conclusions ne changent rien à la violence, à votre avis, quelle en est la raison ? Avant d'examiner comment se libérer de la violence, on doit examiner la *cause* de ces réactions violentes.

10. La cause biologique, l'hérédité

Je pense que l'une des raisons est l'instinct animal dont nous avons hérité depuis des temps immémoriaux. Vous avez vu se battre des chiens ou de jeunes mâles : le plus fort attaque le plus faible. Les animaux sont agressifs et violents par nature. Nous descendons de l'animal par l'évolution ; aussi avons-nous aussi hérité de cette violence agressive et de cette haine qui éclatent quand nos droits territoriaux, nos droits sur un lopin de terre ou nos prérogatives sexuelles sont en jeu, comme chez l'animal. C'est bien l'une des causes.

11. Les causes sociales et environnementales

Une autre cause est le milieu : la société dans laquelle nous vivons, la culture dans laquelle nous baignons, l'éducation que nous avons reçue.

Notre société nous contraint à l'agressivité. Chaque homme doit lutter seul, chacun veut un rang, un pouvoir, du prestige. Chacun ne se préoccupe que de lui-même. Son intérêt peut s'étendre à la famille, au groupe ou à la nation, mais son premier souci c'est lui-même. L'homme est prêt à œuvrer pour la famille, pour un groupe ou pour la nation, mais il se place toujours en première position.

Donc la société est l'un des principaux contributeurs à cette violence, par le comportement qu'elle nous impose : pour survivre, nous dit-on, soyez agressifs, battez-vous. Le milieu joue donc un rôle capital comme source de violence. Cependant, cette société, c'est nous qui l'avons produite – nous, les humains –, c'est nous qui l'avons fabriquée…

12. La cause première est l'exigence psychologique de sécurité

Toutefois, je pense que la cause première de la violence est que chacun de nous recherche sa sécurité intérieure, sa sécurité morale. Cette soif de sécurité psychologique, cet impérieux besoin de se sentir intérieurement à l'abri, exige par projection une sécurité dans le monde extérieur. Chacun veut être intimement protégé, sûr et certain. C'est la raison d'être de toutes ces lois sur le mariage, qui rendent légale la possession d'une femme ou d'un homme, et sécurisent cette relation. Si cette relation est attaquée, nous devenons violents, ce qui démontre l'exigence intime, l'exigence psychique de certitude dans notre relation à tout.

Il n'y a pourtant ni certitude, ni sécurité dans la relation. Nous aimerions bien nous sentir moralement en sécurité, mais la sécurité permanente, cela n'existe pas : votre femme ou votre mari peuvent se retourner contre vous, une révolution peut vous priver de vos biens.

13. Ordre universel et ordre interne

En premier lieu, il faut de l'ordre dans le monde, et il n'y aura pas d'ordre sans l'adoption d'un langage universel et d'une planification globale pour l'humanité – ce qui signifie l'abolition des nationalités.

Pour l'ordre intérieur, il faut délivrer l'esprit de toutes ses dérobades afin qu'il regarde en face « ce qui est ». Alors, puis-je regarder en face le fait que je suis violent, sans dire que je ne devrais pas, sans condamner, sans justifier – simplement regarder le fait que moi, je suis violent ?

14. La révolte, les armées

Il y a une révolte palpable au sein de la société établie. Certaines révoltes sont respectables, d'autres non, mais elles se produisent toujours au sein de la société, elles ne quittent jamais l'enceinte de la société. Et comment une société fondée sur l'envie, l'ambition, la cruauté et la guerre n'abriterait-elle pas la révolte ? Allez au cinéma, dans tous les films vous verrez énormément de violence. Et, avec deux guerres mondiales colossales, nous avons vécu la violence absolue.

Une nation qui entretient une armée finira par détruire ses propres citoyens. S'il vous plaît, écoutez bien ceci : aucune nation n'est en paix tant qu'elle a une armée, qu'elle l'appelle défensive ou offensive. L'armée est à la fois offensive et défensive, elle ne produit jamais un état de paix. Aussitôt qu'une culture constitue et maintient une armée, elle se détruit elle-même. C'est un fait historique.

15. La délinquance juvénile

De tous côtés on nous pousse à la compétition, à l'ambition et à la réussite. Compétition, ambition et réussite sont les dieux d'une société particulièrement prospère comme celle-ci. Alors qu'attendiez-vous d'autre ?

Ce que vous voulez, c'est que les jeunes délinquants redeviennent respectables, c'est tout. Vous ne toucherez pas aux racines du problème, qui est de stopper cette course à la guerre, de cesser d'entretenir des armées, d'en finir avec l'ambition et l'incitation à la compétition. Ces éléments bien enracinés dans nos cœurs sont les remparts d'une société dans laquelle couve en permanence une révolte, et pas seulement chez les jeunes.

Ainsi le problème ne se borne-t-il pas à la délinquance juvénile : il affecte notre structure sociale tout entière. Et il est sans réponse tant que vous et moi ne sortons pas complètement de la société – la société qui représente l'ambition, la cruauté, le désir de réussite, de devenir quelqu'un, d'être au-dessus du lot.

Toute cette démarche n'est au fond que la poursuite égocentrique de la satisfaction. Elle est simplement devenue respectable.

16. Nous admirons le « tueur », n'est-ce pas ?

Quelle adoration devant celui qui a réussi ! Comme vous couvrez de décorations l'homme qui vient de tuer des milliers d'hommes ! Ajoutez à cela la division des croyances et des dogmes, chrétiens, hindous, bouddhistes et musulmans, et voilà tous les ingrédients du conflit.

Alors, arranger la délinquance juvénile en gardant les jeunes à la maison, en les envoyant en redressement ou à l'armée, ou en appliquant les recettes offertes par la psychologie ou l'aide sociale, c'est manifestement appliquer un traitement de surface à une question fondamentale. Mais nous craignons de nous attaquer aux questions de fond, cela nous rendrait impopulaires, on nous traiterait de communistes ou de Dieu sait quoi. Et les étiquettes semblent avoir une importance extraordinaire pour la plupart d'entre nous.

Que ce soit en Russie, en Inde ou ici, le problème est essentiellement le même, et l'esprit doit comprendre la structure sociale dans son ensemble s'il veut découvrir une approche entièrement différente au problème. Et par là peut-être établir une paix réelle – pas cette paix factice des politiciens.

3

L'ennui et l'intérêt

1. Les grandes causes sont-elles des formes d'évasion ?

Devenir travailleur social, militant politique, ou religieux laïc, c'est bien cela ? Parce que vous n'avez rien d'autre à faire, vous allez réformer le monde ? Mais, si vous n'avez rien à faire, si vous vous ennuyez, pourquoi ne pas vous ennuyer ? Pourquoi ne pas être « ça » ? Cela vous rend tristes ? Soyez tristes, mais ne cherchez pas à en sortir, car votre ennui a une immense signification à condition de le comprendre, de le vivre. Quand vous dites : « Je m'ennuie, faisons vite quelque chose », tout ce que vous faites, c'est fuir l'ennui. Et la plupart de nos activités étant des fuites, vous allez faire du tort à la société et dans tous les domaines. Vous ferez plus de dégâts par vos évasions que si vous êtes ce que vous êtes et que vous n'en bougez plus.

Mais la difficulté est là : comment demeurer avec, ne pas s'évader. Comme presque toutes nos activités sont des procédés d'évasion, il vous est suprêmement difficile d'arrêter de vous échapper et de faire face. Par conséquent, si *vraiment* vous vous ennuyez je m'en réjouis. Et je vous dis : « Stop, ne bougeons plus et regardons cela : pourquoi devriez-vous faire quoi que ce soit ? »

2. Pourquoi s'ennuie-t-on ?

Vous vous ennuyez. Pourquoi vous ennuyez-vous ? Cette chose, l'ennui, qu'est-ce que c'est ? Pourquoi ne vous intéressez-vous à rien ? Il doit bien y avoir des raisons, des causes à votre apathie : la souffrance, les évasions, les idéologies et une activité incessante vous ont éteints l'esprit et rendu le cœur inflexible. Si vous pouviez découvrir pourquoi vous vous ennuyez, pourquoi vous ne vous intéressez à rien, vous résoudriez sûrement le problème, ne croyez-vous pas ? Réveillé, l'intérêt se remettrait à fonctionner.

Et si découvrir la raison de votre ennui ne vous intéresse pas, vous ne pouvez pas non plus vous forcer à faire quelque chose rien que pour vous activer, comme l'écureuil qui tourne dans sa cage. Je sais, c'est précisément le genre d'activité que la plupart d'entre nous affectionnent.

Cependant on peut découvrir dans notre psyché, dans notre monde intérieur, pourquoi nous sommes dans cet état d'ennui total. Il est facile de voir pourquoi nous sommes presque tous dans cet état : nous nous sommes épuisés, émotionnellement et mentalement. Nous avons essayé tant de choses, tant de sensations, tant de distractions, tant d'expériences, que nous en sommes hébétés, nous sommes fatigués. On adhère à un groupe, on fait tout ce qu'il nous demande puis on le quitte pour tenter autre chose. Si nous n'arrivons à rien avec ce psychologue, nous allons voir quelqu'un d'autre, ou un prêtre. Et si cela ne marche pas avec lui, nous irons voir un autre instructeur – nous n'arrêtons pas. Ce constant aller-retour entre tension et relâchement est épuisant, n'est-ce pas ? Comme toutes les sensations, il ankylose très vite l'esprit.

3. L'ennui est peut-être de l'épuisement

Et c'est ce que nous avons fait. Nous sommes allés d'une sensation à l'autre, d'une excitation à l'autre, jusqu'à un point d'épuisement total. Bien. Saisissant cela, n'allez pas plus loin, prenez du repos. Restez tranquille. Laissez l'esprit reprendre tout seul de l'énergie, ne le forcez pas. Comme la terre se renouvelle en période hivernale, l'esprit, si on lui permet le calme, va se régénérer.

Mais on a bien du mal à calmer l'esprit, à le mettre en jachère après tout ce qu'il a vécu, car l'esprit est ainsi fait qu'il veut tout le temps faire quelque chose. Pourtant, si vous en êtes vraiment arrivé au stade d'être simplement ce que vous êtes – quelqu'un qui s'ennuie, qui est laid, horrible et tout le reste –, il devient possible de faire quelque chose.

Que se passe-t-il quand on accepte quoi que ce soit, quand vous acceptez ce que vous êtes? Si j'accepte d'être ce que je suis, où est le problème? Il n'y a difficulté que lorsque nous n'acceptons pas la chose telle qu'elle est et que nous voulons la transformer. Notez bien que je ne me fais pas l'avocat du contentement, bien au contraire. Toutefois, dès que nous acceptons ce que nous sommes, nous comprenons que ce qui nous épouvantait, ce que nous appelions « ennui », ce que nous appelions « désespoir », ce que nous appelions « peur », a changé du tout au tout. Cette chose qui nous faisait si peur est totalement transformée.

4. Notre intérêt n'est-il que la recherche d'une récompense?

Qu'est-ce que l'intérêt, selon vous? Pourquoi passe-t-on de l'intérêt à l'ennui? Et que veut dire l'intérêt? Ne vous intéressez-vous pas à ce qui vous plaît, à ce qui vous donne satisfaction? L'intérêt n'est-il pas un procédé de l'instinct de possession? Vous ne vous intéresseriez à rien si vous n'en tiriez pas quelque chose, n'est-ce pas? Tant qu'il y a quelque chose à gagner, l'intérêt reste soutenu. L'achat, c'est l'intérêt, non?

Vous avez voulu tirer satisfaction de chaque objet rencontré, vous l'avez usé jusqu'à la corde – alors maintenant il vous ennuie. C'est bien naturel, toute acquisition a son revers de lassitude et de fatigue. On veut changer de jouet : dès que ce jouet-ci ne nous intéresse plus, on se tourne vers un autre. Et il y a toujours de nouveaux jouets.

Nous allons vers chaque chose en vue d'un gain : pour gagner en plaisir, en savoir, en renommée, en pouvoir, en efficacité, gagner une vie de famille, etc. Dès qu'il n'y a plus rien à gagner dans une religion, auprès d'un sauveur, on perd tout intérêt et on va voir ailleurs. Certains s'endorment dans une institution et ne se réveillent plus – quant à ceux qui se réveillent, ils iront se rendormir dans une autre. Ce mouvement insatiable est qualifié d'expansion de la pensée, de progrès.

Cependant, l'intérêt est-il toujours de l'acquisition ? Honnêtement, vous intéressez-vous à ce qui ne vous rapporte rien, que ce soit une pièce de théâtre, un sport, une conversation, un livre ou une personne ? Si un tableau ne vous dit rien, vous passez devant sans même le voir. Si un proche ne vous stimule pas ou ne vous dérange pas d'une certaine manière – autrement dit si la relation n'est ni plaisante ni douloureuse –, vous perdez tout intérêt, vous commencez à vous ennuyer. Ne l'avez-vous pas remarqué ?

Si vous ne désiriez rien, vous ne seriez pas ici[1]. Vous voulez vous libérer de l'ennui. Comme je ne peux pas vous offrir cette libération, vous retomberez dans l'ennui. En revanche, si nous comprenons ensemble tout le mécanisme de l'acquisition, de l'intérêt et de l'ennui, peut-être la liberté est-elle possible. La liberté ne s'acquiert pas. Si vous pouviez l'acquérir, elle vous ennuierait vite.

1. À cette conférence.

Acquérir, n'est-ce pas abrutissant pour l'esprit? Tout ce qu'on acquiert, en plus ou en moins, est un fardeau. Dès qu'une chose vous est acquise, elle perd son intérêt. Tant que vous cherchez à posséder, vous êtes tenus en alerte, vous êtes intéressés, mais voilà, la possession c'est l'ennui. On peut vouloir posséder davantage, mais chaque pas vers le « plus » est un pas de plus vers l'ennui. Vous pouvez essayer différentes formes d'acquisition, et tant que l'on est dans l'effort d'acquérir, c'est intéressant. Mais toute acquisition a une fin et l'on retrouve toujours l'ennui.

C'est bien ce qui se produit, n'est-ce pas?

5. Le renouveau se tient entre les pensées

L'esprit a du mal à rester en repos, il est constamment inquiet, toujours à la poursuite de quelque chose, toujours à saisir ou à rejeter, à chercher et à trouver. L'esprit n'est jamais immobile, il est en mouvement permanent. Le passé fait de l'ombre au présent et fabrique son propre futur: c'est un mouvement dans le temps et il n'y a pratiquement jamais d'intervalle entre deux pensées, une pensée suit l'autre sans une seule pause. L'esprit ne cesse de s'aiguiser et à la longue il s'use. Taillez un crayon sans arrêt, il n'en restera vite plus rien. C'est pareil pour l'esprit, il s'épuise à être constamment en activité – car l'esprit a toujours peur d'arriver à sa fin.

Pourtant, vivre, c'est finir, finir chaque jour. C'est mourir à toute acquisition, mourir aux souvenirs et aux expériences. C'est mourir au passé.

4

L'apitoiement sur soi, le chagrin, la souffrance

1. Qu'est-ce que la souffrance ?

L'homme a tenté de venir à bout de la souffrance par tous les moyens, la dévotion, l'évasion, la boisson, les distractions… mais elle est toujours là. Vous devez comprendre la souffrance, exactement comme vous comprendriez n'importe quelle chose : ne la niez pas, ne la refoulez pas, ne tentez pas de la surmonter, mais comprenez-la, regardez ce qu'elle est.

Qu'est-ce que la souffrance ? Savez-vous ce qu'est la souffrance ?

2. La souffrance de la solitude

Quand vous perdez un être que vous croyiez aimer, vous souffrez. Quand vous ne pouvez pas vous épanouir pleinement, totalement, vous souffrez. Quand on ne vous donne pas vos chances, votre place, vous souffrez. Quand vous aspirez à vous accomplir et qu'il n'y a pas moyen de le faire, vous souffrez. Quand vous vous retrouvez face à votre totale vacuité, à votre solitude, vous souffrez.

Souffrir est pétri d'apitoiement sur soi. Savez-vous ce que c'est, se prendre en pitié ?

3. Se prendre en pitié produit de la souffrance

On se prend en pitié quand on se plaint, consciemment ou inconsciemment, quand on pleure sur soi, quand on déclare : « Dans ma situation, je ne peux rien faire contre mon environnement », quand on se traite de tous les noms, quand on se lamente sur son sort. Il y a une souffrance.

Mais pour comprendre la souffrance il faut d'abord s'arrêter sur cet apitoiement sur soi : il est l'un de ses moteurs. Quelqu'un meurt en vous laissant seul, et vous saisissez à quel point vous êtes solitaire. Ou une personne meurt et vous laisse sans ressources, et vous voilà dans l'insécurité. Auparavant vous viviez des autres, alors vous vous plaignez, vous vous apitoyez sur vous-même. Mais ce qui arrive est un fait, comme le fait que vous êtes esseulé, c'est « ce qui est ».

Regardez l'apitoiement, ne cherchez pas à le surmonter ou à le nier, n'essayez pas d'en faire quoi que ce soit : le fait, c'est l'apitoiement, le fait est que vous êtes seul. Pouvez-vous observer ce fait, sans comparer avec hier, quand vous étiez si merveilleusement en sécurité, quand vous aviez cet argent ou cette personne, ou cette qualité, peu importe ?

Regardez simplement. Et vous verrez que l'apitoiement sur soi n'a pas lieu d'être.

4. La souffrance de la solitude

L'une des causes de la souffrance est l'extraordinaire solitude de l'homme. Vous avez un compagnon ou vous avez des dieux, ou vous maîtrisez peut-être un immense savoir, vous êtes formidablement actifs socialement… mais la solitude est là quand même. Alors l'homme se met en quête d'un sens à la vie ; mieux, il lui invente un sens, une raison d'être. Cependant la solitude est toujours là.

Alors, pouvez-vous la regarder, cette solitude, sans la moindre comparaison, simplement la voir telle qu'elle est ? Sans chercher à vous enfuir, sans chercher à la masquer ou à lui inventer une échappatoire ? Vous le verrez alors : cette solitude se change en quelque chose de totalement différent.

5. La solitude, c'est la souffrance. Se tenir seul, c'est la liberté

L'homme doit être seul. Or nous ne sommes pas seuls. Nous sommes le résultat de milliers d'influences, de milliers de conditionnements, d'atavisme psychologique, de propagande et de culture. Nous ne sommes pas seuls, nous sommes des humains de seconde main. Celui qui est seul, totalement seul, qui n'appartient à aucune famille, même s'il en a une, qui n'appartient à aucune nation, à aucune culture, qui n'a aucun engagement, se ressent comme un outsider – il est étranger à toute forme de pensée, d'action, de famille ou de nation.

Celui qui est complètement seul est innocent. C'est cette innocence qui libère l'esprit de la souffrance.

6. Pleurez-vous sur vous-même ou sur celui qui est mort ?

Ressentez-vous la douleur aussi puissamment, aussi impérieusement qu'une rage de dents ? Quand vous avez mal aux dents, vous agissez, vous allez chez le dentiste. Mais devant la souffrance vous prenez la fuite dans les explications, dans la foi, dans la boisson et tout le reste. Vous agissez, mais votre action n'est pas celle qui libère l'esprit de la souffrance, n'est-ce pas ?

Un auditeur. — *Je ne sais plus quoi faire, c'est pourquoi je suis ici.*

Avant de savoir quoi faire, ne devez-vous pas découvrir ce qu'est réellement la souffrance ? N'avez-vous pas déjà formé une idée, un jugement sur la souffrance ? Or la fuir, tenter de l'évaluer, ou en avoir peur ne peut que vous empêcher d'en faire l'expérience directe, n'est-ce pas ? Quand vous avez mal aux dents, vous n'en formez pas une idée ou une opinion, vous avez mal, c'est tout, et vous agissez. Mais ici il n'y a aucune action, immédiate ou lointaine, parce que vous ne souffrez pas *réellement*. Pour souffrir et comprendre la souffrance, vous devez la regarder en face, vous ne devez pas vous enfuir.

— *Mon père est parti à jamais et je souffre. Que dois-je faire pour me mettre hors d'atteinte de la souffrance ?*

Nous souffrons parce que nous ne voyons pas la souffrance dans toute sa vérité. Le fait et notre conceptualisation du fait sont deux choses radicalement distinctes, qui mènent dans deux directions différentes. Puis-je vous demander ce qui vous occupe : est-ce le fait, ce qui est réellement arrivé ? Ou seulement l'idée de souffrir ?

— *Vous ne répondez pas à ma question, monsieur, que dois-je faire ?*

7. Libéré du poison de l'apitoiement

Voulez-vous éviter la souffrance ou en être délivré ? Si vous voulez seulement l'éviter, une simple pilule, une croyance, une explication ou un passe-temps peuvent vous y « aider », avec pour conséquence inévitable la dépendance, la peur et tout le reste. Mais si vous voulez être délivré de la souffrance, vous devez cesser de la fuir et en prendre conscience sans jugement et sans choix. Vous devez l'observer, apprendre ce qu'elle est, en connaître les plus subtiles complexités. Alors, vous n'en aurez plus peur, et le poison de l'apitoiement disparaîtra. Comprendre la souffrance, c'est s'en délivrer. Mais pour comprendre la souffrance il faut en faire l'expérience réelle, ne pas s'arrêter à son image verbale.

8. Alors, comment vivre ma vie de tous les jours ?

Un autre auditeur. — *Puis-je poser une question? De quelle façon doit-on vivre sa vie de tous les jours?*

Comme si vous n'aviez à vivre que cette seule journée, que cette heure unique.

— *Mais comment?*

Il ne vous reste plus qu'une heure à vivre : qu'allez-vous faire ?

— *Je n'en sais vraiment rien.*

Vous allez mettre en ordre tout ce qui est nécessaire sur le plan pratique, vos affaires, votre testament et tout cela, n'est-ce pas ? Appeler votre famille et vos amis pour leur demander pardon du mal que vous avez pu leur faire, et leur pardonner le mal qu'ils ont pu vous faire ? Et mourir totalement aux choses de l'esprit, à vos désirs, et au monde ?

Eh bien, si vous pouvez faire tout cela en une heure, vous pouvez aussi le faire dans les jours et les années qui viennent.

— *Monsieur, est-ce qu'une chose pareille est vraiment possible ?*

Essayez et vous verrez.

9. Comprendre la souffrance

À quoi bon demander si le bonheur existe quand je souffre ? Puis-je comprendre ce qu'est souffrir ? Il est là, mon problème, non comment être heureux. Je suis heureux quand je ne souffre pas. Mais dès que je suis conscient d'être heureux, je cesse de l'être.

[…]

Donc je dois comprendre ce qu'est souffrir. Et comment le comprendre quand toute une partie de mon esprit s'évade en quête de bonheur, cherchant une issue à cette vie de misère ? Si je veux comprendre la souffrance, ne dois-je pas faire complètement corps avec elle, cesser de la repousser, de la justifier, de la condamner, de la comparer ? Être complètement avec elle et la comprendre ?

Le bonheur apparaîtra dans toute sa vérité si je sais écouter. Je dois apprendre à écouter la souffrance.

Si je peux écouter la souffrance, je peux écouter le bonheur – car c'est ce que je suis.

10. La souffrance est la souffrance. Le cerveau et la douleur sont partout les mêmes

Votre souffrance personnelle est-elle différente de ma souffrance ou de la souffrance de l'homme qui vit en Amérique, en Asie ou en Russie ? Les circonstances et les incidents peuvent varier mais en essence la souffrance d'autrui est la même que la mienne et la vôtre, n'est-ce pas ? La souffrance est la souffrance, c'est indiscutable, elle n'est ni vôtre ni mienne. Le plaisir n'est pas votre plaisir ou mon plaisir, c'est le plaisir. Quand vous avez faim, ce n'est pas seulement votre faim – c'est la faim de toute l'Asie. Quand vous êtes menés par l'ambition, quand vous vous montrez implacables, c'est la même inflexibilité qui anime le politicien, l'homme au pouvoir, en Asie, en Amérique ou en Russie.

Mais là, voyez-vous, nous ne sommes plus d'accord. Nous ne voyons pas que nous ne sommes qu'une seule humanité, placée dans différentes sphères et différents lieux de l'existence.

Quand vous aimez quelqu'un, ce n'est pas *votre* amour. Si c'est *votre* amour, il sera tyrannique, possessif, jaloux, anxieux et brutal. De même, souffrir c'est souffrir, la souffrance n'est ni vôtre ni mienne. Je ne suis pas en train d'en faire une idée impersonnelle, une abstraction : quand on souffre, on souffre.

Un homme qui n'a rien à manger, qui n'a pas de quoi se vêtir, qui n'a pas de toit, c'est un être qui souffre, en Asie comme à l'Ouest. Ces gens qui se font tuer ou blesser en ce moment, les Vietnamiens et les Américains, souffrent. Comprendre cette souffrance – qui n'est ni vôtre ni mienne, qui n'est ni impersonnelle ni abstraite mais bien réelle et qui nous affecte tous – exige une grande pénétration, un *insight*.

Et la fin de cette souffrance produira naturellement la paix, non seulement en nous-mêmes, mais dans le monde.

5

La jalousie, la possessivité, l'envie

1. L'idée de posséder un être humain nous donne un sentiment d'importance

La jalousie est un moyen d'emprise sur l'homme ou sur la femme, n'est-ce pas? Plus nous sommes jaloux, plus le sentiment de possession est fort. Posséder quoi que ce soit, un chien par exemple, nous rend heureux: dire « C'est mon chien » nous tient chaud, nous réconforte. Être seul propriétaire nous donne de l'assurance, nous rend sûrs de nous. Posséder nous donne de l'importance – et c'est à cette importance que nous sommes attachés.

Alors, à la pensée que nous possédons, non pas un stylo ou une maison, mais un être humain, nous éprouvons un sentiment de puissance et un étrange contentement. Ce n'est pas de l'autre dont nous avons envie, c'est de la valorisation, de l'importance qu'il nous procure.

Une auditrice. — *Mais je n'ai aucune importance, je ne suis personne, mon mari est tout ce que j'ai au monde. Même mes enfants ne comptent pas.*

Vous tenez à votre mari, d'autres à leurs enfants, d'autres encore à leur foi – mais sous des formes différentes l'intention est la même, nous nous raccrochons tous à la même chose : sans l'objet de notre attachement nous nous sentons désespérément perdus, n'est-ce pas ? Nous avons peur de nous sentir seuls. Cette peur est une jalousie, une souffrance et une haine. Entre l'envie et la haine la distance n'est pas si grande.

2. La jalousie n'est pas l'amour

— *Mais nous nous aimons.*

Alors comment pouvez-vous être jalouse ? Nous n'aimons pas, voilà le drame. Vous utilisez votre mari – et lui vous utilise – pour être heureuse, pour avoir un compagnon, pour ne pas vous sentir seule. Vous-même ne possédez peut-être pas grand-chose mais au moins vous avez quelqu'un près de vous. Ce besoin réciproque, cette utilisation réciproque, nous l'appelons l'amour.

— *Mais c'est épouvantable !*

Ce n'est pas épouvantable, c'est que nous n'avons jamais regardé. On dit que c'est épouvantable, on lui met une étiquette et l'on regarde vite ailleurs. C'est ce que vous faites en ce moment.

— *Je le sais, mais je ne veux pas regarder. Je veux continuer comme je suis, même si cela implique d'être jalouse, je ne peux rien envisager d'autre dans ma vie.*

Si vous envisagiez autre chose, vous ne seriez plus jalouse de votre mari, n'est-ce pas ? Et vous vous raccrocheriez à cette autre chose comme aujourd'hui à votre époux : vous en seriez jalouse aussi. Vous voulez un substitut à votre mari, pas vous libérer de la jalousie. Nous sommes tous comme cela, avant de lâcher une chose nous voulons être tout à fait sûrs d'une autre.

Quand on n'a plus aucune certitude, il n'y a plus de place pour la jalousie. La jalousie est liée à la certitude, au sentiment d'*avoir* quelque chose. L'exclusivité est ce sentiment de certitude, posséder c'est être jaloux. La possession enfante la haine : en réalité, nous haïssons ce que nous possédons, c'est flagrant dans la jalousie. Là où il y a possession, il n'y aura jamais d'amour – posséder, c'est tuer l'amour.

3. S'attacher à une réputation, aux choses, à quelqu'un fait souffrir

La culture actuelle est fondée sur l'envie, sur l'instinct de possession. Et l'on vise la réussite dans tous les domaines : le succès de l'artiste, la fortune dans les affaires, l'auréole de l'aspirant religieux – tout cela est une forme d'envie.

Dès que l'envie devient pénible, dès qu'elle fait souffrir, on cherche à s'en débarrasser, mais tant qu'elle rapporte et fait plaisir, l'envie est admise, elle fait partie de notre nature. Nous ne voyons pas la douleur cachée dans ce plaisir. Il est certain que l'attachement procure du plaisir, mais il occasionne aussi la jalousie et la douleur. Et il n'est pas l'amour. Voilà le champ d'action dans lequel on vit, on souffre et on meurt. Et il faut que la douleur de ce repli sur soi devienne insupportable pour qu'on se débatte pour s'en libérer.

Une auditrice. — *Je crois que je perçois vaguement tout cela, mais que dois-je faire ?*

Avant d'envisager quoi faire, voyons le problème. Quel est le problème ?

— *Je suis dévorée de jalousie et je veux m'en délivrer.*

Vous voulez vous délivrer de la douleur qu'elle vous cause. Mais ne voulez-vous pas conserver cet étrange plaisir que l'on tire de la possession et de l'attachement ?

— *Mais bien entendu. Vous n'attendez pas de moi que je renonce à tout ce que je possède, tout de même ?*

Nous ne parlons pas de renonciation, mais du désir de possession. Nous voulons posséder les gens et les choses, nous nous raccrochons aux croyances comme aux espoirs. À quoi tient ce désir de posséder les choses et les gens, pourquoi cet attachement dévorant ?

— *Je n'en sais rien, je n'y ai jamais réfléchi. L'envie semble naturelle. Mais elle est devenue un poison, elle perturbe violemment ma vie.*

Nous avons des besoins réels, la nourriture, des vêtements, un abri, etc., mais en les utilisant pour notre satisfaction psychologique nous avons fait naître une multitude d'autres problèmes. De même, le fait de dépendre psychologiquement d'un autre être engendre l'anxiété, la jalousie et la peur.

— *En ce sens, je suppose que je dépends effectivement de certaines personnes. J'en ai un besoin compulsif, sans eux je me sentirais complètement perdue. Si je n'avais pas mon mari et mes enfants je crois que je glisserais lentement dans la folie – ou je m'attacherais à quelqu'un d'autre. Mais je ne vois pas où est le mal dans l'attachement.*

Il ne s'agit pas de bien ou de mal, nous examinons les causes et les effets, n'est-ce pas ? Nous ne cherchons ni à condamner ni à justifier la dépendance. Mais pourquoi dépendre psychologiquement de quelqu'un d'autre ?

— *Je sais que je suis dépendante mais je n'y ai jamais vraiment réfléchi. Que chacun dépende de quelqu'un d'autre me semblait aller de soi.*

4. La dépendance physique n'est pas la dépendance psychologique

Bien sûr, nous dépendons physiquement les uns des autres et il en sera toujours ainsi, c'est naturel et inévitable. Mais ne voyez-vous pas que la morsure de la jalousie persistera tant que nous ne comprendrons pas notre dépendance *psychologique* à l'autre ? Pourquoi ce besoin psychologique de l'autre ?

— *J'ai besoin de ma famille parce que je l'aime. Si je ne l'aimais pas, cela me serait égal.*

Vous voulez garder le plaisir de l'attachement et vous débarrasser de sa souffrance. Est-ce possible ?

— *Pourquoi pas ?*

L'attachement implique la peur, n'est-ce pas ? Vous avez peur de ce que vous êtes, ou de ce que vous allez devenir si l'autre vous quitte ou disparaît, et vous êtes attachée *à cause de* cette peur. Tant que vous êtes prise par le plaisir de l'attachement, la peur reste cachée, enfermée quelque part – hélas elle est toujours là. Tant que vous ne serez pas libérée de cette peur, les tortures de la jalousie continueront.

5. Tout en haut de l'échelle

Savez-vous ce qu'est la vie ? De l'heure de votre naissance à l'heure de votre mort, et peut-être au-delà, la vie est un tout immense et complexe. C'est une sorte de demeure où tout arrive en même temps : vous aimez et vous haïssez ; vous êtes avides et envieux, tout en sentant bien que vous ne devriez pas ; vous êtes ambitieux, et la réussite ou la frustration émergent d'un sillage d'anxiété, de peur et de brutalité. Et puis, tôt ou tard, naît le sentiment de la futilité de tout cela.

Il y a aussi les horreurs et la sauvagerie de la guerre, la paix imposée par la terreur, le nationalisme et la souveraineté qui sont le support des guerres. Et tout au bout du chemin de la vie, ou quelque part en chemin, il y a la mort. Il y a la quête de Dieu, avec ses croyances antagonistes et ses guerres de religion. Il y a la bagarre pour trouver du travail et pour le conserver. Il y a le mariage, les enfants, la maladie. Et la domination de la société et de l'État.

La vie est tout cela et bien plus encore, et on vous a jetés dans cette pagaille. La plupart du temps, vous vous laissez engloutir, perdus et lamentables. Et si vous survivez en vous hissant tout en haut de l'échelle, vous faites quand même partie de cette pagaille.

Voilà ce que nous appelons la vie : lutte et souffrance à perpétuité, avec de temps en temps l'irruption d'une petite joie. Et qui va vous enseigner tout cela ? Ou plutôt, comment allez-vous apprendre tout cela ? Car, malgré vos capacités et vos talents, vous êtes tenus en laisse par l'ambition, par le désir de célébrité, avec ses frustrations et ses souffrances. Tout cela, c'est la vie, n'est-ce pas ? Et dépasser tout cela, c'est aussi la vie.

6. Le cercle vicieux

C'est exact : chacun dit qu'il faut faire son chemin dans la vie, chacun va à ses affaires, au nom de l'économie, de la religion ou de la patrie. Vous voulez être connus, votre voisin aussi, comme le voisin de votre voisin et ainsi de suite – comme chacun sur terre, du plus bas jusqu'au plus haut. Donc nous bâtissons forcément une société fondée sur l'ambition, l'envie et l'avidité, une société dans laquelle chaque homme est l'ennemi d'un autre. Et l'on vous « éduque » à vous conformer à cette société en voie de décomposition, à bien vous insérer dans ce cercle vicieux.

Un auditeur. — *Mais que pouvons-nous faire ? Pour moi, nous devons nous conformer à cette société ou être détruits. Y a-t-il une autre issue ?*

Pour l'instant vous êtes prétendument éduqués pour cadrer avec cette société : on développe en vous les compétences qui vous permettront de gagner votre vie au sein de ce système. Vos parents, vos éducateurs, vos gouvernants, tous ont le souci de vous voir efficaces et financièrement à l'abri, n'est-ce pas ?

[...]

Vous allez devenir un « bon citoyen », c'est-à-dire un ambitieux respectable, un acheteur compulsif, parfaitement à l'aise dans cette férocité socialement correcte que l'on appelle la compétition. Ainsi, vous serez en sécurité, et eux aussi. Voilà de quoi est fait un « bon citoyen ». Mais est-ce bon ? Ou est-ce quelque chose de vraiment mauvais ?

7. Le devoir, est-ce l'amour ?

L'amour implique, n'est-ce pas, de laisser ceux que l'on aime entièrement libres de croître en plénitude, d'être quelque chose de plus élevé que de simples machines sociales. L'amour ne contraint jamais, ni ouvertement ni par la pression insidieuse du devoir et des responsabilités.

[...]

Ce que les parents appellent « faire son devoir » n'est pas de l'amour, c'est une forme de contrainte. Mais la société soutient les parents car ce qu'ils font est très respectable. Les parents jugent indispensable que leur enfant se conforme à la société, qu'il devienne un être respectable et bien nanti. Ils disent que c'est de l'amour. Mais est-ce de l'amour ? Ou est-ce de la peur sous couvert du mot « amour » ?

8. L'ambition, c'est l'envie, la division et la guerre

La vieille génération déclare que la nouvelle doit créer un monde différent mais elle n'en pense pas un mot. Bien au contraire, elle met toute sa réflexion et tous ses soins à vous « éduquer » à rester dans le bon vieux cadre, avec quelques ajustements. Très à l'inverse de leurs discours, les enseignants et les parents, soutenus par le gouvernement et l'ensemble de la société, veillent à ce que vous sachiez vous plier à la tradition et acceptiez l'ambition et l'envie comme le mode de vie normal.

Ils ne s'intéressent pas le moins du monde à une nouvelle manière de vivre et c'est en cela que l'éducateur n'est pas lui-même bien éduqué. La génération précédente a accouché de ce monde de guerre, de ce monde d'antagonisme et de division entre l'homme et l'homme. Et la nouvelle génération marche pieusement sur ses traces.

Un auditeur. — *Mais, monsieur, nous voulons être bien éduqués ! Que devons-nous faire ?*

En premier, voir clairement un fait très simple : que ni le gouvernement, ni les enseignants, ni les parents n'ont le souci de bien vous éduquer – si c'était le cas, le monde serait entièrement différent, la guerre n'existerait pas. Donc, si vous voulez être bien éduqués, vous devez vous y mettre vous-mêmes. Et veiller à ce que vos enfants eux aussi soient bien éduqués.

— *Mais comment nous éduquer nous-mêmes ? Il faut bien que quelqu'un nous enseigne.*

Les professeurs vous enseignent les maths, la littérature et tout le reste, mais l'éducation va plus loin et plus profond que la simple collecte d'informations. Éduquer, c'est exercer l'esprit à ne pas centrer son action sur soi ; c'est apprendre à démolir toute sa vie les murs que l'esprit élève en permanence pour assurer sa sécurité, et qui déclenchent la peur et toutes ses complications. Être bien éduqué, c'est beaucoup étudier et ne pas être paresseux. Soyez bons en sport, pas pour gagner sur un autre mais parce que c'est amusant. Ayez une alimentation juste et surveillez votre forme physique. Ayez l'esprit éveillé, capable de résoudre les problèmes de l'existence – non comme un hindou, un communiste ou un chrétien, simplement comme un être humain. Pour être bien éduqués, vous devez vous comprendre vous-mêmes, ne jamais cesser d'apprendre sur vous-mêmes : quand on cesse d'apprendre, la vie devient laide et elle fait souffrir.

Sans la plus haute qualité et sans l'amour, vous n'êtes pas bien éduqués.

6

Le désir et l'attente

1. Le désir a sa souffrance, la peur de la frustration

Pour la plupart d'entre nous, le désir est un gros problème : l'instinct de propriété, le désir de statut, de pouvoir, le désir de confort, d'immortalité, de continuité ; le désir d'être aimés, le désir de quelque chose de stable, de satisfaisant, de durable – d'une chose qui soit hors du temps.

Le désir, qu'est-ce que c'est ? Qu'est-ce que cette chose qui nous presse, qui nous pousse ? Il ne s'agit pas de se satisfaire de ce que l'on a ou de ce que l'on est, donc d'aller à l'opposé de ce que nous désirons : nous voulons voir ce qu'est le désir. Et en l'étudiant avec scrupule, sans nous presser, je pense que nous provoquerons une transformation qui ne sera pas simplement remplacer un objet de désir par un autre.

Pourtant c'est généralement ce que nous entendons par « changer », n'est-ce pas ? Déçus par tel objet du désir nous lui trouvons un substitut. Nous naviguons sans cesse d'un objet à un autre que nous jugeons plus élevé, plus noble, plus raffiné. Mais raffiné ou pas, le désir est le désir et son courant charrie une lutte permanente : le conflit des opposés.

Alors, n'est-il pas important de découvrir ce qu'est le désir et de voir s'il peut être transformé ? Et puis-je effacer non pas tel désir, tel appétit ou telle avidité, mais *le centre* même du désir, toute la structure qui désire, qui convoite, qui espère, perpétuellement hantée par la peur de la frustration ? En effet, plus je suis frustré, plus je renforce le « moi ». Et tant que je vis dans l'espoir et dans l'attente, la peur est là, en coulisse, et elle aussi consolide ce centre.

[...]

À part les besoins physiques, toute forme de désir, de grandeur, de vérité ou de vertu n'est qu'un processus mental par lequel l'esprit construit l'idée du « moi » et se renforce en tant que centre.

2. Suivez la dynamique du désir

Le désir est le besoin impérieux de satisfaire toutes sortes d'appétits – désir sexuel, désir de devenir un grand homme, désir de posséder une voiture – qui exige l'action.

[...]

Bien, qu'est-ce que le désir? Vous voyez une belle maison ou une belle voiture, ou un homme de haut rang, un homme en place. Et vous voudriez avoir cette maison, vous brûlez d'être cet homme en place, vous rêvez de caracoler sous les bravos.

Comment ce désir surgit-il? Cela commence par une perception visuelle – « vous » entre en jeu plus tard. On voit une maison, il y a l'attraction visuelle de cette maison; ou bien on est attiré par la ligne, la beauté, la couleur d'une voiture. Donc une perception.

Suivez bien ceci s'il vous plaît, c'est de vous qu'il s'agit, pas de moi: je choisis les mots, j'explique, mais c'est à vous de faire le travail. Nous partageons, ne vous contentez pas d'écouter l'orateur, observez en vous le mouvement de votre pensée-désir – il n'y a pas de distinction entre penser et désirer, c'est un seul et même mouvement. Entre la pensée et le désir il n'y a pas de mur de séparation. Nous allons le voir tout de suite.

3. La montée du désir

Il y a donc la vision, la perception qui crée une sensation, puis le toucher, puis le désir, le désir de posséder, de donner une continuité à cette sensation. C'est très simple. Je vois une belle femme, un bel homme, c'est un plaisir visuel. Mais le plaisir exige la continuité donc je pense – une pensée prend naissance. Et plus la pensée s'attarde sur ce plaisir, plus elle fait durer ce plaisir. Ou une douleur. Et dès que la continuité est créée, « je » entre en scène : j'en veux ou je n'en veux pas. C'est ce que nous faisons tous, toute la journée, éveillés ou en dormant.

On voit donc comment naît le désir : perception, contact, sensation, puis donner une continuité à cette sensation. Donner une continuité à une sensation, c'est le désir. Le désir n'a rien de mystérieux. En revanche, il se complique beaucoup s'il rencontre une contradiction, non en lui-même mais dans les objets qu'il convoite pour se satisfaire. D'accord ? Je veux être très riche – mon désir me pousse à m'enrichir car je vois tous ces gens avec leurs propriétés, leurs voitures, et mon désir dit : « Je veux ça, je veux me satisfaire. » Le désir cherche à se satisfaire tous azimuts et les objets de satisfaction sont tous très attrayants. Mais chaque objet en contredit un autre.

4. Il faut comprendre le désir, pas le prendre à la gorge

Donc nous vivons dans le conformisme, la lutte, la satisfaction et la frustration. Voilà notre vie. Pour trouver Dieu, les saints, le pape, les moines et les nonnes, les assistants sociaux, les prétendus religieux clament : « Réprimez le désir, sublimez-le, identifiez-vous à Dieu : le désir va disparaître. Si vous voyez une femme, tournez-lui le dos. N'ayez aucune sensibilité à la vie, à rien. N'écoutez pas de musique, ne regardez pas un arbre, ne regardez surtout pas une femme ! » C'est la vie du médiocre, la vie de l'homme devenu l'esclave d'une certaine société.

Faute de comprendre le désir – le comprendre, non le refouler – l'homme ne sera jamais libéré du conformisme ou de la peur. Savez-vous ce qui arrive quand on refoule ? Votre cœur s'éteint ! Vous les avez vus, ces *sannyasis*, ces moines, ces nonnes, tous ces évadés de l'existence ? Comme ils sont frigides, comme ils sont durs, vertueux et saints dans leur vie de stricte discipline ! Ils ont toujours le mot « amour » à la bouche, mais à l'intérieur d'eux-mêmes bouillonnent leurs désirs frustrés ou jamais compris. Ce sont des êtres morts drapés dans un linceul de vertu.

Ce que nous disons est entièrement différent : il faut explorer, il faut apprendre le désir – l'apprendre lui, non ce qu'il faut en faire, ni comment l'étrangler.

5. Quand on le comprend, le désir surgit mais ne prend pas racine

Le désir enfante la contradiction, or un esprit tant soit peu vigoureux déteste vivre dans la contradiction et cherche à se débarrasser du désir. Mais si l'esprit est capable de comprendre le désir plutôt que de vouloir l'évacuer – ou de déclarer que tel désir est bon et tel autre mauvais afin de garder le bon et jeter le mauvais –, s'il peut être conscient de toute l'*étendue* du désir sans rien rejeter, sans choisir ni condamner, vous verrez qu'il devient très tranquille. Les désirs surgissent mais n'ont plus d'impact, ils n'ont plus grande importance, ils ne s'enracinent pas dans l'esprit pour créer des problèmes. L'esprit réagit, sinon il ne serait pas vivant, mais la réaction reste superficielle et ne prend pas racine.

Il est important de comprendre tout ce mécanisme du désir, car nous en sommes presque tous prisonniers.

6. Peut-on avoir des désirs sans vouloir agir sur eux ?

Pour la plupart d'entre nous, le désir a pour but de se faire plaisir ou de s'affirmer. Je désire cela et il faut que je l'aie – cette belle personne, cette maison ou cette idée, il me la faut. Pourquoi ? Pourquoi ce « il faut » apparaît-il ? Pourquoi le désir dit-il : « Je veux ça », déclenchant l'angoisse, la pulsion, l'envie irrépressible, toutes les exigences d'une existence compulsive ?

Et pourquoi cette insistance sur l'affirmation de soi, qui est une autre forme du désir ? C'est simple et clair : s'affirmer, être quelqu'un offre le plaisir délectable d'être reconnu. Les gens disent : « Sapristi, mais vous savez qui c'est ? » et ce genre d'inepties. Vous me direz qu'en ce cas il ne s'agit pas seulement de désir ou de plaisir, et que ce désir-là cache quelque chose de bien plus puissant encore. Mais vous ne pouvez y accéder sans avoir compris le plaisir et le désir.

Ce mode opératoire du désir et du plaisir, nous l'appelons l'action : je veux quelque chose, je travaille comme un fou pour l'obtenir. Je veux être un peintre ou un écrivain célèbre et je fais tout ce que je peux imaginer pour accéder à la notoriété. Comme en général je reste sur le bas-côté et n'arrive pas me faire reconnaître par le monde, j'éprouve toutes les angoisses de la frustration. Alors je deviens cynique ou je me pique d'humilité, et toutes ces sornettes.

7. Pourquoi sommes-nous si pleins d'attentes ?

On se demande pourquoi tant insister sur la *satisfaction* du désir ? Vous avez envie d'un manteau, d'un costume, d'une chemise, d'une cravate, d'une paire de chaussures et vous les obtenez – c'est une chose. Mais cette quête persistante d'assouvissement personnel ne cache-t-elle pas un sentiment d'incapacité totale, une solitude ? Je suis incapable de vivre seul, je ne suis pas autonome, je me sens totalement insuffisant en moi-même. Vous, vous en savez bien plus que moi, vous êtes bien plus beau, bien plus intellectuel, bien plus brillant, bien plus ceci et cela – et moi je veux être tout ça, et plus encore. Mais pourquoi ?

J'ignore si vous vous êtes un jour posé la question : si vous l'avez fait, et s'il ne s'agit pas seulement d'une argutie théorique, vous trouverez la réponse.

[…]

Je veux savoir pourquoi on a follement envie de tant de choses ou d'une seule chose. On veut être heureux, on veut trouver Dieu, on veut être riche, être célèbre, être complet ou libéré – si cela veut dire quelque chose –, vous connaissez tous les objets de nos folles envies. On veut un mariage parfait, une relation parfaite avec Dieu, etc. – pourquoi ? Cela dénote à quel point l'esprit est superficiel, n'est-ce pas ? Mais cela n'indique-t-il pas aussi notre intime sentiment de solitude, notre vide ?

8. Le problème n'est pas le désir mais ce que nous en faisons

Continuons à examiner le désir. Nous le connaissons bien, n'est-ce pas, ce désir qui se contredit lui-même, ce désir torturé, tiraillé entre ses contraires ; le tourment, l'affolement, l'anxiété du désir ; et aussi la discipline et le contrôle. À nous bagarrer sans fin avec le désir, nous le distordons tellement qu'il ne ressemble plus à rien. Mais il est là, il attend, il est toujours aux aguets, il fait constamment monter la pression.

Faites ce que vous voudrez, sublimez-le, fuyez-le, niez-le, ou acceptez-le et lâchez-lui les rênes – le désir est toujours là. On sait très bien ce qu'en disent les maîtres, les religieux et les autres : qu'il ne faut rien convoiter, qu'il faut cultiver le détachement, se libérer du désir. C'est parfaitement absurde, il ne faut pas détruire le désir, il faut le comprendre. Si vous tuez le désir, vous risquez de tuer la vie elle-même. Et en voulant ainsi dénaturer le désir, le remodeler, le contrôler, le dompter ou l'étouffer, vous êtes peut-être en train de détruire une chose extraordinairement belle.

7

L'amour-propre, la réussite et l'échec

1. L'amour-propre

Nous nous situons tous à des niveaux divers, et nous tombons constamment de haut. Nous avons honte de ces chutes. Mais ce qui cause la chute et la honte, c'est notre amour-propre. Donc c'est cet amour-propre qu'il faut comprendre, pas la chute. Si le piédestal où vous vous hissez n'existe pas, d'où pouvez-vous tomber ?

2. Vous êtes ce que vous êtes

Et pourquoi vous êtes-vous juchés sur ce perchoir que vous appelez estime de soi, dignité humaine, idéal et *tutti quanti*? Si vous pouvez le comprendre, vous n'aurez plus honte du passé, il aura disparu : vous serez ce que vous êtes, sans piédestal. Si cette éminence qui vous fait regarder de haut – ou admirer d'en bas – est une illusion, vous êtes ce que vous avez toujours évité de voir. Vous dérober à ce qui est, à ce que vous êtes, produit la confusion et l'antagonisme, la honte et le ressentiment. Ce que vous êtes, vous n'avez pas à le décrire, ni à moi ni à un autre, mais prenez-en conscience. Que ce soit plaisant ou déplaisant, vivez avec, ne le justifiez pas, ne lui résistez pas. Vivez avec sans le nommer car le nom est déjà une condamnation ou une identification. Vivez avec sans crainte, car la peur interdit la communion.

3. L'ambition occulte la clarté

Un auditeur. — *Quelle est la fonction de la pensée dans la vie de tous les jours?*

La fonction de la pensée est de raisonner, de penser clairement, objectivement, avec efficacité et précision ; et vous ne pouvez pas penser avec précision, efficacité et clarté en restant amarrés à votre vanité personnelle, à votre réussite personnelle, à votre épanouissement personnel.

4. *L'ambition, c'est la peur*

Savez-vous ce que l'ambition a fait dans le monde ? Rares sont ceux qui y ont vraiment réfléchi. Quand chacun lutte pour écraser l'autre, quand le monde entier ne cherche qu'à réussir et à gagner, avez-vous une idée de ce qu'ils ont dans le cœur ? Regardez dans votre propre cœur quand vous êtes ambitieux, quand vous luttez pour être « quelqu'un » dans le domaine mondain ou spirituel : vous y trouverez le virus de la peur. L'ambitieux est l'homme le plus apeuré qui soit, il a peur d'être ce qu'il est, il se dit : « Si je suis ce que je suis, je ne serai personne. Je dois devenir quelqu'un – ingénieur, conducteur de chantier, magistrat, juge, ministre… ».

5. *L'intérêt, est-ce la même chose que l'ambition ?*

— *Si quelqu'un a l'ambition d'être ingénieur, cela signifie qu'il s'y intéresse, n'est-ce pas ?*

L'intérêt pour quelque chose, vous appelez cela de l'ambition ? On peut donner à ce mot le sens que l'on veut, mais l'ambition telle qu'on l'entend généralement est le produit de la peur. En revanche, si dans ma jeunesse je rêve de devenir ingénieur parce que j'aime ça, parce que j'ai envie de construire de belles structures, de superbes routes, d'inventer de merveilleux systèmes d'irrigation, cela veut dire que *j'aime* l'ingénierie, ce n'est pas de l'ambition. Dans l'amour, il n'y a pas de peur.

Ainsi, être ambitieux et s'intéresser sont deux choses bien différentes, n'est-ce pas ? La peinture m'intéresse, j'aime ça. Je ne veux pas rivaliser avec un meilleur peintre, ou avec le plus grand des peintres – j'adore peindre et c'est tout. Vous peignez peut-être mieux que moi, mais je ne me compare pas. Quand je peins, j'aime ce que je fais et pour moi c'est suffisant.

6. Faire ce que vous aimez

N'est-il pas capital que, dans votre jeunesse, on vous aide à éveiller votre intelligence afin que vous découvriez naturellement votre vocation ? Alors vous aimerez ce que vous faites toute votre vie, il n'y aura ni ambition, ni compétition, jamais vous ne vous battrez pour une situation ou pour une question de prestige. Alors vous serez peut-être capables de créer un monde nouveau. Dans ce monde nouveau rien ne subsistera des laideurs de la vieille génération : leurs guerres, leur malveillance, leurs dieux qui créent la désunion, leurs rituels qui ne veulent rien dire, leurs gouvernements souverains et toute leur violence. C'est en cela que la responsabilité des enseignants – mais aussi celle des élèves – est immense.

7. Si vous aimez les fleurs, faites-vous jardinier.

Ce qui se passe sur Terre, c'est que tout le monde se bat contre tout le monde. Tel homme est inférieur à tel autre. Il n'y a pas d'amour, pas de considération, pas même de réflexion. Chaque humain veut devenir quelqu'un : le député veut devenir chef du Parlement ou Premier ministre, et ainsi de suite. C'est une bagarre perpétuelle, notre société n'est qu'un combat permanent entre les hommes, un combat qui a pour nom l'ambition de devenir quelqu'un. Et les plus âgés l'encouragent : soyez ambitieux, devenez quelqu'un, épousez un homme riche ou une femme riche, sachez choisir vos amis, etc. Les gens de la vieille génération, ceux qui ont peur, qui ont de la laideur dans le cœur, veulent vous modeler à leur image – et vous aussi, vous voulez être comme eux, parce que vous aimez ce qui brille. Dès que paraît le gouverneur, tous s'inclinent.

[...]

C'est pour cela qu'il est si important de découvrir votre vraie vocation. Vous connaissez le sens de ce mot « vocation » ? Découvrir ce que vous adorez faire, ce qui vous est naturel. Après tout, c'est la fonction de l'éducation, de l'école d'aider les enfants à grandir en autonomie, afin que, sans recourir à l'ambition, ils découvrent leur vraie vocation. L'ambitieux n'a jamais trouvé sa vraie vocation.

[...]

Faire quelque chose superbement, à fond, en parfait accord avec ce que vous pensez, ce n'est pas de l'ambition – en cela il n'y a pas de peur.

8. La comparaison produit la compétition et l'ambition

Nous ne cessons de nous comparer. Je suis lent d'esprit, je veux être plus vif; superficiel, je veux être profond; ignorant, je veux être plus intelligent, mieux informé. Je me compare sans cesse, je me mesure aux autres: une plus grosse voiture, une meilleure alimentation, une plus belle maison, un meilleur raisonnement.

La comparaison enfante le conflit. Est-ce que vous comprenez en comparant? Quand vous comparez deux photographies, deux morceaux de musique ou deux couchers de soleil, ou quand vous comparez cet arbre à un autre arbre, en avez-vous compris un seul? On ne peut comprendre qu'en l'absence totale de comparaison.

Pouvez-vous vivre sans comparaison d'aucune sorte, sans jamais vous définir vous-mêmes par comparaison avec un autre ou avec une idée, un héros, un exemple? Car lorsque vous comparez, quand vous vous évaluez selon « ce qui devrait être » ou à « ce qui a été », vous perdez de vue ce qui est.

Écoutez bien cela, je vous en prie, c'est tellement simple et vous êtes si astucieux et malins que vous risquez de passer à côté: nous demandons s'il est possible de vivre en ce monde sans une seule comparaison. Ne dites pas non, vous ne l'avez jamais fait. Ne dites pas: « Je ne peux pas, c'est impossible, je suis conditionné à comparer. »

En classe, on compare les élèves. Le professeur dit : « Vous n'êtes pas aussi intelligent que lui ». En comparant B à A, le professeur détruit B.

9. La comparaison empêche la clarté

On retrouve cette façon de faire tout au long de l'existence. Nous pensons que la comparaison est essentielle au progrès, à la compréhension, au développement intellectuel – et je n'en crois rien. Si vous comparez un tableau à un autre tableau, vous ne regardez ni l'un ni l'autre. On ne regarde bien une peinture que seule, en l'absence de toute comparaison.

Alors peut-on vivre sa vie de la même façon, sans jamais se comparer mentalement à qui que ce soit ? Sans vous comparer à Rama, Sita, Gita – qui vous voudrez, le héros – ou à vos dieux, ou à vos idéaux ? L'esprit qui ne compare jamais, à aucun niveau, devient extraordinairement efficace, extraordinairement vivant car alors il observe ce qui est.

10. La réussite et l'échec

Tant que nous viserons la réussite, nous ne nous débarrasserons pas de la peur, car le désir de réussir engendre inévitablement la peur de l'échec. On ne devrait pas enseigner aux jeunes à admirer la réussite. Presque tout le monde veut réussir, sous une forme ou sous une autre : sur le court de tennis, dans les affaires, en politique, nous voulons tous avoir le dessus. Et ce désir crée un conflit constant, en nous-mêmes et avec nos voisins. Il pousse à la compétition, à l'envie, à l'animosité et en dernier ressort à la guerre.

Les jeunes sont comme la vieille génération, eux aussi recherchent la réussite et la sécurité. Souvent contestataires au départ, ils deviennent vite respectables et craignent de dire non à la société. Les murailles de leurs propres désirs se referment lentement sur eux, ils rentrent dans le rang et prennent les rênes de l'autorité. Leur mécontentement, qui nourrissait la flamme du questionnement, de la recherche et de la compréhension perd de sa force puis s'éteint, laissant place au désir d'un bon métier, d'un riche mariage, d'une belle carrière – tout cela par soif de plus de sécurité.

[...]

Nous courons tous après la sécurité et la réussite. Et un esprit en quête de sécurité, un esprit avide de succès, n'est pas intelligent, il est donc incapable d'action totale. L'action totale n'est possible que si l'on prend conscience de son propre conditionnement, de ses préjugés raciaux, nationaux, politiques et religieux – c'est-à-dire si l'on comprend que les voies de l'ego ne visent qu'à séparer, toujours.

11. S'abreuver longuement à la vie

La vie est un puits aux eaux profondes. Si l'on va au puits avec son petit bol, on en recueille quelques lampées. Mais si l'on y va avec de grandes jarres, on en tire une eau abondante qui nourrit et fortifie.

La jeunesse est l'âge de l'investigation, c'est le moment de faire l'expérience de tout. L'école devrait aider ses jeunes à découvrir leur vocation et leur responsabilité, et ne pas se contenter de leur bourrer l'esprit de faits et de connaissances techniques. Elle devrait être le terreau qui les aide à croître joyeusement, intégralement et sans peur.

8

La solitude, la dépression, la confusion

1. Être solitaire et être seul, est-ce la même chose ?

Nous connaissons la solitude, n'est-ce pas ? La peur, la détresse, les sentiments contradictoires, la véritable terreur d'un esprit qui prend conscience de sa solitude, nous connaissons tous cela, n'est-ce pas ? Cet état n'est étranger à personne. Vous pouvez jouir de toutes les richesses et de tous les plaisirs, vous pouvez avoir tous les talents et toutes les félicités du monde, mais au fond de vous-mêmes rôde le spectre de la solitude. Le riche, le pauvre qui se débat, l'écrivain, le créateur, le dévot, tous la connaissent. Or que fait le mental quand il se voit dans cet état ? Il ouvre la radio, il attrape un livre, il fuit ce qui est dans ce qui ne l'est pas. Suivez bien ce que je vous dis, n'écoutez pas les mots, appliquez-les à observer votre propre solitude.

Quand l'esprit prend conscience de sa solitude, il fuit, il s'évade – dans la contemplation religieuse ou au cinéma, c'est exactement la même chose, c'est toujours échapper à ce qui est. L'ivrogne qui trouve l'évasion dans la boisson n'est pas plus immoral que celui qui la trouve dans la dévotion à Dieu : ils sont semblables, tous les deux s'évadent.

Quand vous observez *le fait* que vous êtes solitaire, s'il n'y a pas d'issue, donc aucune possibilité de se glisser dans son contraire, l'esprit a tendance à le condamner selon un schéma qu'il connaît bien. Mais s'il n'y a pas non plus condamnation ? L'attitude de l'esprit envers cet état qu'il nommait « solitaire » n'a-t-elle pas radicalement changé ?

2. La solitude, c'est la dépression. Être seul, c'est la joie

En somme, la solitude est un isolement, l'esprit s'enferme en lui-même, il se coupe de toute relation, il se coupe de tout. Dans cet état, l'esprit fait l'expérience de la solitude. Mais s'il est capable de ne pas la condamner, s'il peut en être conscient sans se créer d'échappatoire, cette solitude ne peut que subir une transformation.

Cette transformation, on pourrait l'appeler : « être seul », mais le terme importe peu. Être seul est être sans peur. L'esprit qui *se sent* seul à force de s'isoler lui-même dans tout ce qu'il entreprend craint cette solitude. Mais il existe une attention sans choix, donc sans condamnation, au sein de laquelle l'esprit n'est plus solitaire, il est seul : cet état ignore la corruption et le mouvement de repli sur soi. On doit être seul, on doit être seul de cette façon-là. Si la solitude est un état frustrant, être seul ne l'est pas. Être seul n'est pas non plus l'antithèse de la solitude.

Voyez-vous, il est certain que nous devons être seuls, loin de toute influence, de toute contrainte, de toute exigence, de toute envie et de tout espoir : l'esprit doit sortir du champ d'action de la frustration. Être seul est essentiel, c'est un acte religieux. Mais l'esprit ne peut approcher cela sans avoir compris tout le problème de la solitude.

Nous sommes presque tous solitaires et tous nos actes sont des activités de frustration.

L'homme heureux n'est pas un être solitaire. Le bonheur est seul. Être seul a une action totalement différente des activités de la solitude.

3. Peut-on vivre avec la solitude ?

Ne sommes-nous pas conscients d'un état de vide en nous, d'un état de désespoir, de solitude, du sentiment absolu de n'appartenir à rien, de n'avoir personne sur qui compter ? Ne connaissez-vous pas cet instant d'extraordinaire solitude, d'étrange souffrance irraisonnée, cette bouffée de désespoir au plus haut de la pensée, au point culminant de l'amour ?

Cette solitude, ne la connaissons-nous pas ? N'est-ce pas elle qui nous pousse sans cesse à être quelqu'un, quelqu'un qui compte ?

Alors, puis-je vivre avec cette solitude sans la fuir, sans entreprendre quelque chose pour la combler ? Puis-je vivre avec elle sans chercher à la transformer, à la remodeler ou à la contrôler ? Si l'esprit en est capable, peut-être ira-t-il au-delà de cette solitude et de ce désespoir – sans basculer dans l'espoir ou la dévotion, bien au contraire. Puis-je comprendre cette solitude et la vivre sans m'enfuir, vivre avec cette étrange solitude qui surgit quand je m'ennuie, quand j'ai peur, quand je suis inquiet sans raison ou avec raison ? Quand j'éprouve ce sentiment de solitude, mon esprit peut-il vivre avec lui, sans chercher à s'en débarrasser ?

4. Si l'esprit peut rester immobile, la dépendance prend fin

Si donc l'esprit peut demeurer avec ce sentiment vraiment extraordinaire d'être coupé de tout, de toute idée, de tout support et de tout lien, pourquoi ne pourrait-il pas aller plus loin – non en théorie mais en réalité ? Seule l'expérience complète de cet état de solitude, de cet état de vide, de cet état de non-appartenance peut rendre possible une action qui n'est pas celle qui passe par l'entonnoir étriqué du « moi ».

5. Sans ego, pas de solitude

Plus vous êtes conscients de vous-mêmes, plus vous êtes isolés – être conscient de soi est le processus d'isolement. Mais être seul n'est pas un isolement : pour être véritablement seul, la solitude doit prendre fin. Être seul est un état où toute influence a complètement cessé, les influences extérieures comme l'influence interne de la mémoire. Et l'esprit doit être seul de cette manière s'il veut connaître l'incorruptible. Mais pour en arriver là, nous devons comprendre la solitude, cette manœuvre d'isolement qu'est l'ego en activité. C'est la compréhension de l'ego qui engendre la fin de l'isolement, donc de la solitude.

6. Nous sommes six milliards sur Terre, alors la solitude est-elle une réalité ou une attitude ?

Dès que l'on approfondit ce sujet, une question se pose : ce que nous appelons la solitude, est-ce une réalité ou n'est-ce qu'un mot ? La solitude est-elle une réalité ou n'est-elle qu'un mot qui recouvre une chose très différente de ce que nous pensons ? La solitude n'est-elle pas une pensée, le produit du fait de penser ?

Je m'explique : penser c'est mettre en mots à partir de la mémoire. Alors, n'est-ce pas au moyen d'une verbalisation, d'une pensée, de la mémoire, que nous observons l'état que nous qualifions de solitaire ? Ainsi, le seul fait de donner un nom à cet état pourrait bien causer la peur qui nous empêche d'y regarder de plus près. Alors, si nous ne lui donnons pas de nom – un nom qui est une confection de l'esprit –, cet état est-il solitaire ?

7. Soyez seuls, ne vous évadez pas et voyez ce qui se passe

Avez-vous jamais essayé d'être seuls ? Faites-le, vous éprouverez à quel point c'est difficile. Il nous faut une intelligence hors du commun pour être seul car l'esprit, lui, ne va pas nous laisser seul. Il va commencer à s'agiter, à se démener pour trouver des issues. Et alors, que faisons-nous ? On cherche à combler ce vide extraordinaire avec du connu. On sait comment s'activer, comment socialiser, on se lance dans l'étude, on sait quand tourner le bouton de la radio – bref, on meuble cette chose que l'on ne connaît pas avec des choses que l'on connaît. On tente de combler ce vide par toutes sortes de connaissances, par des relations, des objets. C'est bien ainsi, n'est-ce pas, c'est notre façon d'agir, c'est notre existence.

Alors, maintenant que vous réalisez ce que vous êtes en train de faire, croyez-vous encore pouvoir combler ce vide ? Ce vide de la solitude, vous avez tout essayé pour le combler – et y êtes-vous parvenu ? Vous avez essayé le cinéma et ça n'a pas marché, alors vous vous tournez vers vos gourous, vous recourez à vos livres, ou bien vous devenez très actifs socialement. Et réussissez-vous à le combler ou seulement à l'enterrer ? Si vous l'avez enterré, il est toujours là, il va resurgir. Et si vous réussissez à aller jusqu'à l'évasion suprême, soit on va vous enfermer dans un asile d'aliénés, soit vous allez devenir complètement demeuré. C'est ce qui se passe dans le monde.

8. C'est un fait, nous sommes vides.

Cette vacuité, ce vide, peut-il jamais être comblé ? Et sinon, peut-on le fuir, peut-on y échapper ? Si l'on a découvert par expérience qu'un certain type d'évasion ne vaut rien, ce doit être pareil pour toutes les autres évasions, n'est-ce pas ? Il importe peu que vous combliez ce vide avec ceci ou avec cela, la prétendue méditation aussi est une évasion. Que vous changiez d'itinéraire dans votre fuite ne change pas grand-chose.

Alors, maintenant, qu'allez-vous faire de cette solitude ? Vous ne le découvrirez que lorsque vous aurez cessé de fuir, n'est-ce pas ? Dès que vous êtes prêts à affronter ce qui est – ce qui veut dire cesser d'allumer la radio, ce qui veut dire tourner le dos à la civilisation – cette solitude prend fin, parce qu'elle est complètement transformée. Il ne s'agit plus de solitude.

9. La dépression, une existence enfermée dans l'ego

Un auditeur. — *Quelle est la différence entre prendre conscience et l'introspection ? Et quand on est conscient, qui est conscient ?*

Examinons d'abord ce que nous entendons par introspection : pour nous, l'introspection, c'est regarder en soi-même, s'examiner. Et pourquoi s'examine-t-on ? Pour s'améliorer, pour se changer, pour se corriger. L'introspection vous sert à devenir quelque chose, sinon vous ne la pratiqueriez pas si volontiers. Vous ne vous examineriez jamais si ce n'était par désir de modification, de changement, d'être autre chose que ce que vous êtes – c'est la raison évidente de l'introspection. Je suis en colère, je regarde en moi-même, je m'examine pour sortir de la colère ou pour l'infléchir, pour la changer. Dans l'introspection, dans ce désir d'orienter ou de changer les réponses et les réactions de l'ego, il y a toujours un but en vue. Quand ce but n'est pas atteint, la mauvaise humeur et la dépression s'installent. Par conséquent, l'introspection s'accompagne immanquablement de dépression.

10. S'analyser mène à la dépression

Je ne sais si vous l'avez remarqué : quand vous pratiquez l'introspection, quand vous vous examinez dans l'intention de vous changer, survient toujours une vague de dépression, une vague d'humeur chagrine contre laquelle vous devez batailler. Alors, pour surmonter cette mauvaise humeur, vous devez vous réexaminer, etc.

L'introspection est un processus *qui ne libère pas*, puisque l'on cherche à transformer ce que l'on est en quelque chose que l'on n'est pas. Ce phénomène apparaît clairement quand on se laisse aller à cette curieuse activité. C'est toujours un processus additif: le « je », en examinant chaque chose dans le but de la changer, éveille le conflit de la dualité, lequel provoque un courant de frustration. Il n'y a jamais de libération. Quand on réalise cette frustration, c'est la dépression.

Être conscient est entièrement différent. Être conscient c'est observer sans condamner. Être conscient offre la compréhension, car il n'y a ni condamnation ni identification, rien que l'observation silencieuse. Si je veux comprendre une chose, je dois l'observer, je ne dois pas la critiquer, la condamner, la poursuivre si elle me plaît ou l'éviter si elle me déplaît. Il suffit d'observer silencieusement le fait. Il n'y a aucune finalité en vue, rien que la conscience de chaque chose à mesure qu'elle apparaît. Cette observation, avec la compréhension qu'elle comporte, disparaît dès qu'il y a condamnation, identification ou justification.

11. Introspection ou attention ?

On s'examine pour s'améliorer, donc l'introspection est un recentrage sur soi. Prendre conscience n'est pas s'améliorer, c'est même le contraire, c'est la fin de l'ego, du « je » et de ses idiosyncrasies bizarres, ses souvenirs, ses exigences et ses quêtes. L'introspection suppose l'identification et la condamnation. L'attention ne connaît ni l'une ni l'autre, il n'y a aucun perfectionnement. La différence entre les deux est énorme.

L'homme qui cherche à se perfectionner ne sera jamais conscient. Le perfectionnement implique que l'on condamne et que l'on obtienne un résultat, alors qu'être conscient, c'est observer sans condamner, rejeter ou accepter. Cet éveil commence par l'extérieur : on prend conscience du monde extérieur, on entre en contact avec les objets, avec la nature. On s'éveille d'abord aux choses qui nous sont proches, on devient sensible aux objets, à la nature, puis aux gens – c'est-à-dire à la relation. Ensuite on prend conscience des idées. Mais cette conscience, cette sensibilité aux choses, à la nature, aux gens et aux idées ne se fait pas en phases séparées, c'est un seul et unique mouvement. C'est l'observation permanente de tout, de chaque pensée, de chaque sensation, de chaque action à mesure qu'elles émergent en nous.

12. Avons-nous besoin de psychanalystes pour tirer au clair notre confusion ?

Un auditeur. — *Il est aujourd'hui établi que beaucoup de nos maladies sont psychosomatiques, dues à de profondes frustrations et à des conflits internes dont nous avons rarement conscience. Faut-il courir chez le psychiatre comme on courait auparavant chez le médecin ? Ou l'homme a-t-il un moyen de se libérer lui-même de son désordre interne ?*

Il faudrait connaître la position des psychanalystes. Et aussi ce qu'en pensent ceux d'entre nous qui souffrent d'une certaine forme de maladie ou de pathologie. La maladie est-elle provoquée par nos troubles émotionnels ou n'a-t-elle aucun caractère émotionnel ?

La plupart d'entre nous souffrent de déséquilibre. Nous sommes presque tous confus et agités, y compris les mieux nantis, ceux qui ont des réfrigérateurs, des voitures et tout le reste. Et ces troubles que nous ne savons pas gérer agissent forcément sur le physique et provoquent la maladie. Ce qui est assez évident.

Donc la question est celle-ci : faut-il courir chez le psychiatre pour qu'il nous aide à nous débarrasser de nos troubles et à recouvrer la santé mentale, ou avons-nous la possibilité de découvrir nous-mêmes comment n'avoir ni troubles, ni angoisses, ni peurs ?

Si nous sommes perturbés, pourquoi le sommes-nous ? Qu'est-ce que ce trouble ? Je veux quelque chose et je ne peux pas l'avoir – me voilà dans tous mes états. Je place tous mes espoirs dans mes enfants, ma femme, mes biens, ma situation, ma réussite et tout ce qui s'ensuit mais quelque chose bloque – et me voilà démonté. Je suis ambitieux, mais quelqu'un m'évince et me passe devant – et me voilà encore bouleversé, en plein chaos. Tout cela agit sur le physique.

13. Qu'est-ce que la confusion ?

Alors, vous et moi, pouvons-nous nous délivrer de toute cette agitation, de toute cette confusion ? Vous comprenez ? Qu'est-ce que la confusion ? La confusion naît quand j'*ajoute* au fait ce que je pense du fait : mon opinion sur le fait, mon mépris du fait, mon évaluation du fait, ma fuite devant le fait, etc. Si je suis capable de regarder le fait sans rien lui ajouter, il n'y a pas de confusion. Quand je reconnais le fait que cette route-ci mène à Ventura, il n'y a pas de confusion possible. La confusion s'installe dès que je pense, dès que je m'obstine dans l'idée que cette route mène ailleurs. Et c'est effectivement l'état d'esprit dans lequel nous sommes, pour la plupart.

14. Nos opinions compliquent les faits

Nos opinions, nos croyances, nos désirs et nos ambitions sont si puissants, ils pèsent si fort sur nous, que nous sommes incapables de regarder le fait.

Si au fait on ajoute l'opinion, le jugement, l'évaluation, l'ambition et tout ce qui s'ensuit, on aboutit à la confusion. Alors, vous et moi qui sommes dans la confusion, pouvons-nous *ne pas agir*? Car, c'est sûr et certain, toute action née de cette confusion ne peut que mener à plus de confusion et de chaos. Et tout cela va réagir sur le corps, sur le système nerveux et provoquer la maladie.

Notre esprit est en plein désordre: le reconnaître ne demande pas de courage, mais une certaine clarté de pensée, une clarté de perception. Mais nous avons peur de reconnaître le désordre de notre esprit, et c'est donc dans la confusion que nous choisissons nos dirigeants, nos enseignants et nos politiciens. Et quand on choisit quoi que ce soit dans la confusion, le choix ne peut qu'être incohérent. Par conséquent le dirigeant lui aussi sera incohérent.

15. Comprendre la confusion, c'est la clarté

Est-il dès lors possible d'être conscient de notre confusion, de connaître la cause de cette confusion, et de ne pas agir ? L'action d'un esprit en désordre ne peut que produire plus de confusion. Cependant un esprit conscient d'être en désordre, et qui comprend tout le mécanisme du désordre, n'a pas besoin d'agir, la clarté agit d'elle-même.

Je crois que ceci est assez difficile à saisir, car nous sommes tellement habitués à agir, à faire…

16. Tout ceci, vous pouvez le voir vous-mêmes

Je ne crois pas qu'un analyste puisse un jour résoudre ce problème. Il peut vous aider temporairement à vous ajuster à un certain modèle de société qu'il appelle une existence normale, mais le problème est beaucoup plus profond que cela. Et personne ne peut le résoudre, à part vous-mêmes. Cette société, c'est vous et moi qui l'avons confectionnée, elle est le produit de nos actes, de nos pensées, de notre être même. Et, tant que nous chercherons à réformer le produit sans comprendre l'entité qui l'a fabriqué, nous aurons toujours plus de maladies, plus de chaos et plus de délinquance.

Seule la compréhension de l'ego fait naître la sagesse et l'action juste.

9

Mettre fin à soi-même, c'est mettre fin à la souffrance

1. Pourquoi renforcer la racine même de votre souffrance ?

Le changement me semble être une des questions les plus difficiles à comprendre. Par certains côtés on constate le progrès, ce que nous appelons l'évolution, mais y a-t-il un changement fondamental dans le progrès ? J'ignore si cette pensée vous a frappés, si même vous y avez déjà réfléchi, mais il peut être valable de l'aborder ce matin.

On voit le progrès dans ses aspects les plus évidents : les inventions, les perfectionnements techniques des voitures, des avions, des réfrigérateurs, la paix de surface d'une société progressiste, etc. Cependant ce progrès produit-il un changement radical en l'homme, en vous et moi ? Il affecte nettement le cours superficiel de nos existences, mais peut-il jamais transformer fondamentalement notre façon de penser ? Alors, comment produire cette transformation radicale ? Cette question mérite que l'on s'y arrête.

Certes, se perfectionner moralement est un progrès : demain, je peux être meilleur, plus gentil, plus généreux, moins envieux, moins ambitieux. Mais cette amélioration signifie-t-elle un changement complet dans ma façon de penser ? Ou n'est-ce pas du tout un changement, seulement un progrès ?

Le progrès met en jeu le temps, n'est-ce pas : je suis ceci aujourd'hui et demain je serai quelque chose de mieux. Autrement dit, dans le perfectionnement, la remise en question ou le renoncement, il y a une progression, l'approche graduelle d'une vie meilleure, en s'ajustant superficiellement à un environnement, en se conformant à un modèle plus élaboré, en se laissant conditionner par des voies plus nobles, etc. Ce processus, nous le voyons constamment à l'œuvre. Et vous vous êtes sûrement demandé comme moi si ce progrès-là entraîne vraiment une révolution fondamentale.

À mon sens, en effet, le plus important n'est pas le progrès, c'est la révolution. Ne soyez pas horrifiés par le terme, je vous en prie – une société très progressiste comme celle-ci le craint beaucoup. Néanmoins, selon moi, si nous ne comprenons pas l'absolue nécessité que nous avons non seulement d'une amélioration de la société, mais d'un changement radical de notre vision des choses, plus de progrès sera plus de souffrance. Il peut agir comme un tranquillisant, un sédatif de la souffrance, mais il ne la fera pas disparaître – elle est toujours latente.

D'ailleurs, un progrès qui consiste à s'améliorer dans le temps, c'est vraiment une démarche de l'ego, du « moi ». Bien sûr, dans l'amélioration, dans l'effort délibéré d'être bon, d'être plus ceci et moins cela, il y a un certain progrès. Tout comme les réfrigérateurs et les avions se perfectionnent, l'ego a ses perfectionnements. Mais cette amélioration, ce progrès ne délivrent pas l'esprit de la souffrance.

2. Ne vous contentez pas de décorer votre prison

Donc, si nous voulons comprendre le problème de la souffrance, et peut-être y mettre un point final, on ne peut absolument pas raisonner en termes de progrès. L'homme qui pense en termes de progrès, en termes de temps, l'homme qui dit qu'il sera heureux demain, vit aujourd'hui dans la souffrance. Pour comprendre ce problème, il faut examiner toute la question de la conscience, ne pensez-vous pas ? C'est un sujet trop difficile ? Je vais commencer et nous verrons.

Si je veux réellement comprendre ce qu'est la souffrance et comment y mettre fin, je dois découvrir non seulement toutes les conséquences du progrès, mais connaître la nature de cette entité qui veut s'améliorer, et aussi le motif qui la pousse à s'améliorer. Tout cela, c'est la conscience. Il y a la conscience superficielle du quotidien, le travail, la famille, l'adaptation constante au milieu social – qui se fait aisément et joyeusement, ou dans la contestation et la névrose –, mais il y a aussi les niveaux profonds de conscience, c'est-à-dire le vaste héritage social de l'homme, l'héritage des siècles.

[...]

Nous cherchons à découvrir par nous-mêmes ce qu'est la conscience, et si l'esprit a la possibilité de s'affranchir de la souffrance – pas de changer sa manière de souffrir, ni de décorer sa prison de souffrance – et d'être totalement délivré du germe, de la racine de la souffrance. Cette enquête va nous aider à bien distinguer entre le progrès et la révolution psychologique, essentielle si l'on veut se libérer de la souffrance.

3. Observez votre conscience

Nous n'allons pas modifier la conduite de notre conscience, nous ne cherchons pas à y faire quoi que ce soit, nous l'observons, c'est tout. Si l'on est un peu observateur, un tout petit peu conscient des choses, cette conscience superficielle on la connaît bien. On voit notre esprit très actif en surface, affairé à s'adapter, à travailler, à gagner sa subsistance, à exprimer certaines tendances, certains dons, certains talents, à acquérir des connaissances techniques. Et, pour la plupart, nous nous contentons de vivre ainsi, à la surface des choses.

4. Pourquoi accepter les tourments d'une vie superficielle ?

À présent, si nous allions voir en dessous ce qui motive cette adaptation de surface ? Si vous êtes un peu conscients de tout ce processus, vous savez bien que ce conformisme aux opinions et aux valeurs, cette acceptation de l'autorité sont motivés par le besoin de se perpétuer, le désir de se protéger. Creusez un peu et vous découvrirez le vaste courant souterrain des instincts de race, de nation, de groupe, et l'énorme capital accumulé par la lutte de l'homme : tout le savoir, tout l'effort, les dogmes et les traditions – hindoues, bouddhistes, chrétiennes –, le résidu d'une « éducation » reçue au cours des siècles. Tout cela a coulé l'esprit dans un moule hérité du passé. Et si vous êtes capables de descendre encore plus profond, vous trouvez le désir primal d'être, de réussir, de devenir, qui s'exprime en surface dans toutes sortes d'activités sociales, et crée en profondeur des angoisses et des peurs très enracinées. Exprimé très succinctement, tout cela est notre conscience. Autrement dit, notre penser émerge de cette soif fondamentale d'être et de devenir, traverse les nombreuses strates de tradition, de culture et d'éducation et, pour finir, le vernis de conditionnement d'une société donnée : le tout nous force à entrer dans un moule qui nous permet la survie. Il y a encore bien d'autres détails et d'autres subtilités, mais en essence notre conscience c'est cela.

5. Se perfectionner ne met pas fin à la souffrance

Donc, tout progrès dans cette conscience est un perfectionnement, et chaque perfectionnement est un progrès au sein de la souffrance, ce n'est pas la fin de la souffrance. Voyez-le, c'est tout à fait évident. Alors, que peut faire un esprit qui veut absolument se débarrasser de cette souffrance ? J'ignore si vous avez déjà réfléchi à ce problème mais, je vous en prie, faisons-le maintenant.

Nous souffrons, n'est-ce pas ? Nous ne souffrons pas seulement de maladie physique, de soucis de santé, nous souffrons aussi de solitude, nous souffrons de la médiocrité de notre être, nous souffrons de ne pas être aimés – aimer quelqu'un sans être aimé en retour, cela fait souffrir. Où que l'on se tourne, penser c'est toujours souffrir. Alors on se dit qu'il vaudrait mieux ne pas penser, on adopte une croyance et l'on reste à moisir dans cette croyance. On appelle cela la religion.

Maintenant, si l'esprit voit que les perfectionnements du progrès ne mettent pas fin à la souffrance, ce qui est assez évident, que peut-il faire ? L'esprit est-il capable d'aller au-delà de cette conscience, au-delà de ses envies multiples et de ses désirs contradictoires ? Et aller au-delà, est-ce une affaire de temps ?

Je vous en prie, ne vous arrêtez pas aux mots, écoutez vraiment : si c'est une affaire de temps, vous voilà revenu à ce qui précède, au progrès. Vous le voyez ? Dans le périmètre de la conscience, tout mouvement, dans quelque direction que ce soit, n'est qu'une amélioration, la souffrance continue. La souffrance, on peut la contrôler, la discipliner, la dompter ou la rationaliser et la raffiner à l'extrême, sans qu'elle perde sa qualité potentielle. Pour se libérer de la souffrance, il faut se libérer de cette potentialité, de ce ferment du « je », de l'ego – de tout le processus du devenir. Pour aller plus loin, ce processus doit finir.

6. Le progrès ne supprime pas la souffrance

Cependant, dès que l'on parle d'aller plus loin, on retrouve le « comment », la méthode, la pratique, encore le progrès. On ne va pas plus loin. C'est toujours le raffinement d'une conscience en souffrance. J'espère que vous saisissez bien cela.

L'esprit pense en termes de progrès, de perfectionnement et de temps. Il est ainsi fait. Alors, quand il voit que ce prétendu progrès est un surcroît de souffrance, peut-il *prendre fin* ? Pas avec le temps, pas demain, tout de suite ? Sinon, vous retombez dans la vieille routine, dans la roue ancestrale de la souffrance.

Si le problème est clairement posé et clairement compris, vous trouverez la réponse absolue.

7. Mourir à chaque chose, jour après jour

Toutefois, pour aller plus loin, pour transcender tout cela, il faut une attention formidable. Cette attention totale – sans choix, sans intention de devenir, de modifier ou de changer – libère complètement l'esprit du mécanisme de retour sur soi. Alors il n'y a plus personne pour accumuler les expériences. Et alors seulement on peut dire véridiquement que cet esprit est libéré de la souffrance.

C'est l'accumulation qui cause la souffrance. Nous ne mourons jamais à tout, jour après jour. Nous ne mourons jamais aux innombrables traditions, à la famille, à nos expériences personnelles, à notre désir de blesser quelqu'un. Et il faut mourir à tout cela à chaque instant, mourir à cette immense mémoire accumulatrice. Alors seulement l'esprit est libéré de l'ego, l'ego qui est l'entité de l'accumulation.

Troisième partie

L'ÉDUCATION, LE TRAVAIL ET L'ARGENT

1

Qu'est-ce que l'éducation ?

1. La véritable éducation

L'ignorant n'est pas un illettré, c'est l'homme qui ne se connaît pas lui-même. Et l'érudit est stupide de faire confiance aux livres, au savoir et à l'autorité pour lui apporter la compréhension. La compréhension n'apparaît que dans la connaissance de soi, lorsque l'on prend entièrement conscience de tout son mécanisme psychologique. Donc le vrai rôle de l'éducation, c'est la compréhension de soi, car chacun de nous est un concentré de l'existence globale.

De nos jours, l'éducation est affaire d'accumulation, d'empiler l'information et le savoir livresque. C'est à la portée de quiconque sait lire. Cette sorte d'éducation nous offre un moyen détourné de nous évader de nous-mêmes qui, comme toutes les dérobades, va inévitablement nous pourrir un peu plus l'existence. Car le conflit et la confusion viennent de notre relation faussée avec les gens, les choses et les idées. Tant que l'on n'aura pas compris et transformé cette relation, apprendre, collecter des faits et acquérir de multiples savoir-faire ne fera que nous engloutir un peu plus dans le chaos et la destruction.

Telle que la société est organisée de nos jours, nous envoyons nos enfants à l'école apprendre des techniques qui leur permettront de gagner leur vie plus tard. Nous voulons à tout prix faire de l'enfant un spécialiste, espérant ainsi lui assurer une situation économique stable. Mais maîtriser une technique aide-t-il à se connaître soi-même ?

Bien sûr, il est indispensable de savoir lire et écrire, d'apprendre un métier, ingénieur ou autre, mais le savoir technique nous rend-il capables de comprendre la vie ? Bien sûr que non, la technique est secondaire. En ne visant que la seule technique, on néglige manifestement ce qui est de loin la part la plus haute de la vie.

La vie est douleur et joie, beauté et laideur, et amour. Si l'on comprend la vie dans sa totalité et à tous ses niveaux, cette compréhension crée son propre savoir-faire. Mais l'inverse n'est pas vrai, la technique ne peut jamais produire la compréhension créatrice.

2. Être habile à gagner sa vie n'est pas vivre pleinement

L'éducation actuelle est une faillite totale car elle a mis tout l'accent sur la technique. À tant insister sur la technique on détruit l'homme. Cultiver la compétence et l'efficacité sans comprendre la vie, sans avoir une perception exacte des procédés de la pensée et du désir, va nous rendre de plus en plus impitoyables, donc déclencher des guerres et compromettre notre sécurité physique. Le développement exclusif de la technique a produit des savants, des mathématiciens, des constructeurs de ponts et les conquérants de l'espace – mais ceux-ci comprennent-ils le processus total de la vie ? Un spécialiste peut-il jamais faire l'expérience de la totalité de la vie ? Il doit d'abord cesser d'être un spécialiste.

3. Avoir une profession ne suffit pas

Il est vrai que le progrès technologique résout les soucis de certains êtres à un certain niveau, mais il introduit aussi des problèmes plus conséquents et plus graves. Vivre à un seul niveau en négligeant le mouvement total de la vie, c'est inviter le malheur et la destruction. Le besoin primordial de chaque individu, son problème le plus pressant est d'avoir une compréhension unifiée de la vie qui le rende capable d'affronter sa propre complexité, car elle ne cesse de croître.

Le savoir technique est nécessaire, mais il ne résoudra jamais nos conflits internes et nos tensions psychologiques. Comme nous avons acquis tout un savoir technique sans comprendre le processus total de la vie, la technologie est devenue l'instrument de notre propre destruction. L'homme qui maîtrise la fission de l'atome sans avoir d'amour dans le cœur devient un monstre.

Nous choisissons notre vocation selon nos aptitudes, mais la poursuite d'une vocation nous sauvera-t-elle du conflit et de la confusion ? Un certain type de formation technique paraît nécessaire pour devenir ingénieur, médecin ou comptable. Mais après ? La pratique d'une profession est-elle l'accomplissement d'une vie ? C'est apparemment le cas pour la majorité d'entre nous et nos diverses professions nous tiennent occupés la plus grande part de notre existence. Mais tous ces objets que nous produisons, ces objets qui nous passionnent tellement, causent la destruction et la misère. Nos attitudes et nos systèmes de valeurs transforment objets et professions en outils d'envie, d'amertume et de haine.

Sans compréhension de soi, toute profession finit en frustration, avec l'obligatoire évasion dans toutes sortes d'activités nuisibles.

4. L'individu ou le système

L'éducation ne devrait pas encourager l'individu à s'ajuster à la société ou à cohabiter sans heurt avec elle : elle devrait l'aider à découvrir les vraies valeurs qui apparaissent dans une investigation objective et dans la conscience de soi. Quand on ne se connaît pas, s'exprimer, c'est s'affirmer, avec tous les conflits d'ambition et l'agressivité que cela entraîne. L'éducation devrait donc éveiller l'aptitude à prendre conscience de soi, et non la satisfaction d'exprimer sa personnalité.

À quoi peut bien servir l'instruction si nous passons notre existence à nous détruire ? Nous enchaînons des guerres dévastatrices, exactement l'une après l'autre : il doit bien y avoir quelque chose de totalement faux dans la façon dont nous élevons nos enfants ? Je crois que nous en sommes presque tous conscients, mais nous ne savons pas comment traiter le problème.

Les systèmes, l'éducatif comme le politique, ne changent pas comme par magie : ils se trouvent transformés lorsqu'un changement fondamental se produit en nous. C'est l'individu qui prime, non le système. Et tant que l'individu ne comprend pas entièrement son propre mécanisme, aucun système, qu'il soit de droite ou de gauche, ne peut offrir au monde l'ordre et la paix.

5. La fonction de l'éducation

La véritable éducation s'attache à la liberté de l'individu : elle seule peut faire naître une vraie coopération, avec tout et avec tout le monde. Mais on n'accède pas à cette liberté en poursuivant son développement personnel et sa réussite. La liberté vient avec la connaissance de soi, quand l'esprit franchit et dépasse les obstacles qu'il s'est lui-même créés dans sa soif de sécurité.

La fonction de l'éducation est d'aider chaque jeune à débusquer tous ces obstacles psychologiques, non de lui imposer de nouvelles lignes de conduite et de nouveaux modes de pensée. Ces contraintes n'éveilleront jamais l'intelligence et la compréhension créatrices, elles ne peuvent que conditionner davantage le jeune. Pourtant c'est visiblement ce qui se produit dans le monde entier, et c'est pourquoi nos problèmes perdurent et se multiplient.

6. Nos enfants sont-ils notre propriété ?

Une véritable éducation commence par la compréhension du sens profond de la vie humaine. Mais, pour comprendre, l'esprit doit se défaire intelligemment du désir de récompense qui engendre la peur et le conformisme. Si nous considérons nos enfants comme notre propriété personnelle, s'ils sont à nos yeux le prolongement de nos petits ego et le couronnement de nos ambitions, nous allons forcément bâtir un milieu, une structure sociale sans amour, où seule régnera la course au profit égoïste.

7. De quoi avons-nous besoin ?

En partant de là, on peut avoir des universités, des écoles, avec examens ou sans examens, mais ergoter là-dessus me semble parfaitement infantile. Ce que nous devons faire en tant qu'humains adultes – si humain adulte il y a –, c'est faire face à ce problème :

voulez-vous faire de vos enfants des gratte-papier, des bureaucrates qui mèneront une vie profondément misérable, inutile et vaine, fonctionnant comme des machines dans un système ? Ou voulez-vous des êtres humains entiers, des êtres humains intelligents, capables et sans peur ? Nous verrons ce que nous entendons par ce mot « intelligence », mais, en tout cas, l'acquisition des connaissances n'est pas l'intelligence, elle ne fabrique pas un être humain intelligent. Vous pouvez maîtriser toutes les techniques, cela ne fait pas nécessairement de vous un être humain entier et intelligent.

8. Le savoir est un agglomérat de passé. Apprendre est toujours dans le présent

Il existe donc une différence entre acquérir du savoir et l'acte d'apprendre. Et il vous faut les deux, le savoir et l'acte d'apprendre. Vous avez besoin du savoir, sinon vous ne sauriez pas où vous habitez, vous oublieriez votre nom, etc., donc à un certain niveau le savoir est impératif. Mais si vous vous servez du savoir pour comprendre la vie – la vie qui est mouvement, la vie qui est une chose vivante, dynamique, qui bouge et change à chaque instant – vous devenez incapable de bouger avec la vie, vous vivez dans le passé tout en essayant de comprendre cette chose extraordinaire que l'on appelle la vie.

Pour comprendre la vie, il faut l'apprendre à chaque minute. Et ne jamais l'approcher en ayant appris.

2

Comparer et rivaliser, ou coopérer ?

1. La comparaison engendre la peur

L'un des éléments qui empêche de se sentir en sécurité est la comparaison. Dès que l'on vous compare à quelqu'un d'autre, dans vos études, en sport, ou à propos de votre aspect physique, vous êtes remplis d'anxiété, de peur et d'incertitude. Nous en avons discuté hier avec certains de vos professeurs : dans notre école, il est très important d'éliminer cet esprit de comparaison, toutes ces notes et ces appréciations qui n'aboutissent finalement qu'à la peur de l'échec.

[...]

Vous étudiez bien mieux dans la liberté, quand c'est joyeux, quand c'est intéressant. Vous le savez bien quand vous jouez ensemble, quand vous faites du théâtre, quand vous partez tous en promenade, quand vous observez la rivière : on apprend bien plus facilement quand tout le monde est heureux et en bonne santé. On n'étudie pas, on ne travaille pas, on n'apprend pas aussi bien dans la crainte de la comparaison.

[...]

Tout ce que veulent les professeurs, c'est que vous réussissiez vos examens et passiez en classe supérieure. Vos parents, eux, voudraient vous voir en avance d'une année. Ni les uns ni les autres ne se soucient de vous voir quitter l'école en êtres humains intelligents et sans peur.

2. La compétition

Un auditeur. — *Je voudrais bien éviter la compétition, mais dans ce monde fortement concurrentiel, comment exister sans compétition ?*

Voyez-vous, nous partons du principe que nous *devons* vivre dans cette société concurrentielle – on établit cela comme postulat et l'on part de là. Tant que vous direz : « Je suis bien obligé de vivre dans cette société concurrentielle », vous serez dans la compétition. Cette société ne vise qu'à acquérir et elle idolâtre la réussite. Alors, si vous aussi voulez la réussite, vous entrerez tout naturellement dans la compétition.

Toutefois le problème est bien plus profond et bien plus révélateur que la seule compétition. Que cache ce désir de compétition ? On l'enseigne dans toutes les écoles, n'est-ce pas ? On attribue de bonnes notes, on compare un enfant lent d'esprit avec un enfant brillant, en répétant sans fin que ce dernier, pauvre gamin, deviendra peut-être président ou patron de la General Motors – vous connaissez tous ces boniments. Pourquoi tant insister sur la compétition ? Qu'est-ce qui se cache derrière tout cela ?

Une chose est sûre : la compétition ne vous oblige-t-elle à la discipline ? Contrôlez-vous, ajustez-vous, rentrez dans le rang, soyez comme les autres, mais meilleurs. Donc, pour réussir, vous vous disciplinez vous-mêmes. Suivez bien ceci : en incitant l'esprit à la compétition on l'oblige à se plier à un certain schéma d'action. Alors, n'est-ce pas une façon de garder la main, de contrôler le jeune homme ? Vous voulez vraiment devenir quelqu'un ? Contrôlez-vous, disciplinez-vous, rivalisez. C'est comme cela que nous avons été élevés, et nous passons le témoin à nos enfants. Et en même temps on parle de laisser à l'enfant toute liberté de chercher, de découvrir !

La compétition masque l'état réel de notre être. Si vous voulez réellement vous connaître, devez-vous rivaliser avec quelqu'un d'autre, vous comparer à qui que ce soit ? Est-ce que l'on se comprend par comparaison ? Est-ce que vous comprenez quoi que ce soit par comparaison, par jugement ? Comprenez-vous une peinture en la comparant à une autre peinture ou seulement quand votre esprit est complètement attentif à ce tableau, sans comparaison possible ?

3. La compétition cache la peur de l'échec

Vous poussez votre fils à l'esprit de compétition parce que vous voulez qu'il réussisse là où vous avez échoué. Vous voulez vous accomplir dans votre fils ou dans votre patrie. Vous croyez que le progrès, l'évolution passent par le jugement, par la capacité à comparer. Mais quand comparez-vous et quand entrez-vous en concurrence? Seulement quand vous n'êtes pas sûrs de vous, quand vous ne vous comprenez pas vous-mêmes, quand votre cœur est rempli de crainte. Se comprendre soi-même, c'est comprendre tout le processus de la vie. La connaissance de soi est le début de la sagesse. Sans connaissance de soi, il n'y a pas de compréhension, il n'y a que l'ignorance. Et perpétuer l'ignorance ne fait grandir personne.

4. La compétition est l'adoration du spectacle du monde

A-t-on besoin de compétition pour se comprendre? Ai-je besoin de rivaliser avec vous pour me comprendre? Alors pourquoi ce culte de la réussite? L'homme qui n'est pas créatif, qui n'a rien en lui, est toujours tendu vers l'extérieur en vue d'un gain, espérant devenir quelque chose. Et comme nous sommes pour la plupart pauvres en dedans, misérables en dedans, nous nous lançons dans la compétition pour devenir riches à l'extérieur. Le spectacle du monde

– le confort, le statut, l'autorité, le pouvoir – nous éblouit, car c'est cela que nous voulons.

5. La coopération est l'absence d'égocentrisme

Il n'y a coopération que si vous et moi ne sommes rien. Et n'être rien n'est pas un état conscient. Découvrez ce que cela veut dire, réfléchissez-y, méditez-le. Ne posez pas ces questions : « Que veut dire cet état de néant ? », « Qu'entendez-vous par là ? », « Nous ne connaissons que l'ego en activité, l'activité égocentrée », et ainsi de suite.

[...]

Nous le savons, une coopération fondamentale est impossible en l'état actuel des choses. Nous ne connaissons que la persuasion élémentaire qui passe par la peur, la récompense ou la punition. Ce n'est évidemment pas la coopération.

Dès qu'il y a un but en vue, une utopie en vue, c'est-à-dire une activité de l'ego, on ne voit que destruction et séparation, il n'y a jamais de coopération. Alors, que faire si l'on veut vraiment découvrir et faire se produire une coopération non superficielle mais réelle ? Quand vous voulez la coopération de votre femme, de votre enfant ou de votre voisin, comment vous y prenez-vous ? Vous commencez par les aimer, évidemment !

L'amour n'est pas un objet mental, l'amour n'est pas une idée. L'amour est là quand l'activité de l'ego a cessé d'être. Pourtant, vous considérez que l'activité de l'ego est positive, et qu'importe si cette action « positive » mène à la destruction, au désir de se séparer, au malheur et à la confusion – à tout ce que vous connaissez si bien et dans ses moindres détails. Et nous continuons à parler de coopération et de fraternité !

Au fond, ce que nous voulons, c'est rester bien agrippés à nos activités égoïstes.

6. S'agit-il de moi ou de nous ?

Par conséquent, un homme réellement décidé à chercher et à découvrir une véritable coopération doit inévitablement mettre fin à toute activité égocentrique. Quand vous et moi ne sommes plus centrés sur nous-mêmes, nous nous aimons. Et ce qui nous intéresse alors, vous et moi, c'est l'action – pas un résultat, pas une idée – c'est mettre en œuvre l'action. Nous avons de l'amour l'un pour l'autre.

Quand mon activité égocentrée se frotte à votre activité égocentrée, nous projetons ensemble une idée et nous nous bagarrons pour la réaliser : en surface nous avons l'air de coopérer, mais nous en venons aux mains sans arrêt. Mais quand nous nous aimons, vous et moi, nous coopérons vraiment – pas pour réaliser une idée commune, simplement pour faire ensemble tout ce qu'il y a à faire.

Si nous avions de l'amour pour l'autre, croyez-vous que ces villages seraient aussi sales, aussi répugnants ? Nous agirions, sans faire de théories, sans parler de fraternité. Mais visiblement nos cœurs ne sont ni chaleureux ni secourables, car nous avons un discours sur tout, nous avons des méthodes, des systèmes, des partis, des gouvernements et des législations. Nous ne savons pas que les mots ne peuvent pas capturer cet état d'amour.

Le mot « amour » n'est pas l'amour, ce mot n'est qu'un symbole, ce ne sera jamais le réel. Alors ne vous laissez pas hypnotiser par le mot.

7. Sachez quand ne pas coopérer

Lorsque, grâce à cette révolution intérieure, vous saurez coopérer, vous saurez aussi quand *ne pas* coopérer – et c'est vraiment très important, peut-être plus important encore. Car actuellement nous coopérons avec chaque personne qui propose une réforme ou un changement, et cela ne fait qu'éterniser le conflit et la détresse. Mais si nous pouvons connaître cet esprit de coopération qui naît de la compréhension des procédés de l'ego, il est possible de créer une nouvelle civilisation, un monde totalement différent, un monde sans avidité, sans envie, sans comparaison.

Et ce n'est pas une théorie utopique. C'est l'état authentique d'un esprit qui enquête constamment et poursuit sans relâche ce qui est vrai et sacré.

3

Le travail, comment en décider ?

1. Votre existence ne doit détruire personne

N'avez-vous pas envie de découvrir si l'on peut vivre en ce monde une vie riche, pleine, heureuse et créative, sans cette pulsion destructrice de l'ambition, et sans compétition ? Ne voulez-vous pas savoir comment vivre de façon à ce que votre existence n'écrase personne, ne fasse jamais d'ombre à personne ?

Tout cela, voyez-vous, nous semble un rêve utopique, irréalisable dans les faits. Mais je ne m'occupe pas d'utopie, ce serait absurde. Nous sommes des gens simples, vous et moi, des gens ordinaires : pouvons-nous vivre une existence créative dans ce monde sans être mus par cette ambition qui s'affiche partout, dans le désir de pouvoir, le désir de faire carrière ? Vous trouverez la bonne réponse quand vous aimerez ce que vous faites. Si vous êtes ingénieur « parce qu'il faut gagner sa vie », ou parce que votre père ou votre milieu social l'attendaient de vous, c'est une forme de contrainte et toute contrainte engendre une opposition et un conflit. En revanche, si vous aimez vraiment être ingénieur ou chercheur scientifique, ou si vous avez le goût de planter des arbres, de peindre, ou d'écrire des poèmes, non pour être reconnu mais simplement parce que vous adorez ça, vous verrez que vous n'entrerez jamais en compétition avec personne. Je pense que la clé est là : aimer ce que vous faites.

2. Découvrez ce que vous aimez

Mais il est souvent très compliqué de savoir ce que vous aimez faire, vous, les jeunes. Vous voulez tant de choses à la fois ! Vous voulez être ingénieur, conduire une locomotive, piloter un avion pour filer à toute allure dans le ciel bleu ; ou encore être un orateur – célèbre – ou un politicien ; et pourquoi pas artiste, pharmacien, poète ou menuisier ? Vous avez envie d'utiliser votre cerveau ou de faire quelque chose de vos mains. Mais êtes-vous sûrs d'*aimer* vraiment faire toutes ces choses, de ne pas vous y intéresser uniquement pour répondre à la pression sociale ? Comment le savoir ? Et n'est-ce pas là justement le véritable but de l'éducation, de vous aider à le découvrir, afin qu'en grandissant vous puissiez vous consacrez totalement, d'esprit, de cœur et de corps, à ce que vous aimez réellement faire ?

Pour découvrir ce que l'on aime faire, il faut beaucoup d'intelligence. Si vous avez peur de ne pas gagner assez bien votre vie ou de ne pas cadrer avec cette société pourrie, vous ne le découvrirez jamais. Mais si vous n'avez pas peur, si vous refusez de vous laisser enterrer dans l'ornière de la tradition par vos parents, par vos enseignants ou par les vaines exigences de la société, vous pouvez découvrir ce que vous aimez réellement faire.

En résumé, pour le découvrir, il ne faut pas craindre pour sa survie. Mais pour la plupart, nous craignons pour notre survie. Nous disons : « Que va-t-il m'arriver si je ne fais pas ce que me disent mes parents, si je ne m'insère pas dans cette société ? » Frileusement, nous faisons ce que l'on nous dit de faire – il n'y a pas d'amour là-dedans, on n'y voit que la contradiction. Et cette contradiction interne est un des éléments qui pousse à l'ambition destructrice.

Donc, la fonction essentielle de l'éducation est de vous aider à découvrir ce que vous aimez vraiment faire, afin que vous puissiez vous y donner corps et âme. Car c'est cela qui fait la dignité humaine, qui balaie la médiocrité, l'esprit petit-bourgeois. C'est pourquoi il est si important de trouver les bons enseignants.

3. Enseigner est la plus noble des professions

Enseigner est la plus noble des professions, si l'on peut l'appeler une profession. C'est un art qui demande, outre un niveau intellectuel élevé, infiniment de patience et d'amour. Et être véritablement éduqué, c'est comprendre notre relation à toutes choses, à l'argent, aux biens, aux gens, à la nature, dans l'immense champ de notre existence.

4. Un monstrueux gâchis

Un auditeur. — *Dans votre livre sur l'éducation, vous suggérez que l'éducation moderne est un échec total. J'aimerais que vous l'expliquiez.*

N'est-ce pas un échec, monsieur ? Allez dans la rue, vous verrez des pauvres et des riches. Regardez autour de vous, voyez tous ces gens prétendument éduqués se quereller, se combattre, s'entre-tuer dans des guerres, et ce dans le monde entier. Nous avons aujourd'hui assez de connaissances scientifiques pour nourrir, vêtir et loger tous les êtres humains. Mais on ne le fait pas. Les politiciens et autres leaders mondiaux sont des gens éduqués, ils ont des diplômes, des titres, des toges et des toques, ils sont docteurs et ils sont savants – pourtant, ils n'ont pas créé un monde où l'homme puisse vivre heureux. Alors l'éducation moderne est-elle un échec ou pas ? Et si cela vous satisfait d'être éduqué de cette bonne vieille façon, vous ferez de votre existence un monstrueux gâchis de plus.

5. *Êtes-vous de la pâte à modeler ?*

— *Puis-je savoir pourquoi nous ne devrions pas entrer dans les vues de nos parents, puisqu'ils veulent faire de nous des gens bien ?*

Pourquoi entrer dans les vues de vos parents, si estimables et nobles qu'ils soient ? Vous n'êtes pas de la pâte à modeler, vous n'êtes pas de la gelée, pour que l'on vous coule dans un moule. Et si vous vous ajustez au moule, que va-t-il vous arriver ? Vous allez devenir ce que l'on appelle « une fille bien », ou « un garçon bien ». Et après ?

Savez-vous ce que c'est, être « bien » ? Le bien, ce n'est pas faire ce que dit la société, ni ce que disent les parents. Le bien, c'est tout autre chose, n'est-ce pas ? Le bien n'apparaît que lorsque vous avez l'intelligence, lorsque vous avez l'amour, lorsque vous n'avez pas peur. Vous ne pouvez pas être « bien » si vous avez peur. Vous deviendrez respectable, vous ferez ce que la société exige et la société vous tressera des couronnes, elle clamera quelle belle personne vous êtes. Mais être respectable n'est pas être bien.

Voyez-vous, quand on est jeune, on ne veut pas entrer dans le moule mais on veut être quelqu'un de bien. On veut être gentil, être tendre, on veut être prévenant, avoir des attentions. Mais on ne comprend pas très bien ce qui se passe, et on est « bien » parce que l'on a peur. Nos parents nous disent d'être sages et nous sommes sages, généralement. Mais cette « sagesse » consiste à vivre selon ce qu'ils ont planifié pour nous.

6. Quelle est la façon juste de gagner sa vie?

— Sur quoi fonder de justes moyens d'existence? Comment découvrir si ma façon de gagner ma vie est juste? Et comment trouver ces justes moyens dans une société foncièrement mauvaise?

Dans une société foncièrement mauvaise, il n'y a pas de façon juste de gagner sa vie. Que se passe-t-il actuellement dans le monde? Tous nos choix de vie mènent à la guerre, à une misère généralisée et à la destruction. C'est un fait, tout ce que nous faisons mène droit au conflit, au déclin, à la brutalité et à la souffrance. La société actuelle est donc mauvaise à la base: elle est fondée sur l'envie, la haine et la soif de pouvoir, n'est-ce pas? Une société de ce type ne peut que créer de mauvais moyens d'existence, comme le soldat, le policier et l'avocat, qui sont par nature des facteurs de désintégration sociale: plus il y a d'avocats, de soldats et de policiers, plus le déclin de la société saute aux yeux. C'est ce qui se passe dans le monde entier, toujours plus de soldats, plus de policiers et plus d'avocats. Et naturellement les hommes d'affaires suivent.

Si l'on veut fonder une société juste, il faut changer tout cela, et nous jugeons la tâche insurmontable. Elle ne l'est pas, mais nous devons nous y mettre, vous et moi. Car aujourd'hui, quel que soit notre moyen d'existence, soit il cause du tort à autrui, soit il contribue à la destruction finale de l'humanité – on le constate tous les jours. Alors, comment changer?

Cela ne changera que si vous et moi ne cherchons plus le pouvoir, si nous cessons d'être envieux, pleins de haine et d'antagonisme. Si vous transformez votre relation à l'autre, vous aidez à créer une nouvelle société, une société de gens qui ne sont plus tenus en laisse par la tradition, qui ne demandent rien pour eux-mêmes, qui ne recherchent pas le pouvoir – car ils sont riches intérieurement, ils ont trouvé la réalité. Seul l'homme qui cherche la réalité peut créer une nouvelle société. Seul l'homme qui aime peut transformer le monde.

7. Mais faites au mieux, il faut bien manger

Je sais bien que ce n'est pas, une réponse satisfaisante pour celui qui veut savoir comment gagner sa vie de façon juste dans la structure actuelle de la société. Dans cette société-ci, il faut souvent faire au mieux – être photographe, commerçant, avocat, policier ou que sais-je encore. Seulement, si vous le faites, faites-le en connaissance de cause, faites-le intelligemment, en conscience, pleinement averti de ce que vous contribuez à perpétuer, et instruit de toute la corruption, la haine et l'envie inhérentes à la structure de la société. Alors, si vous ne capitulez pas devant tout cela, vous serez peut-être capable de créer une nouvelle société.

Mais dès que vous demandez quel est le juste moyen d'existence, toutes ces questions surgissent, n'est-ce pas ? Votre travail ne vous satisfait pas, vous voulez une situation enviable, vous voulez du pouvoir, vous voulez plus de confort et de luxe, vous voulez un rang et de l'autorité ? Alors vous allez fatalement créer ou soutenir une société qui finira par détruire l'être humain et vous détruire vous-mêmes.

Mais si vous percevez clairement cette destruction à l'œuvre dans votre façon de gagner votre vie, si vous voyez qu'elle provient de votre choix professionnel, vous trouverez sûrement une façon juste de gagner de l'argent.

Vous devez d'abord observer tout le tableau, voir la société telle qu'elle est, corrompue, en voie de désintégration : dès que vous voyez clairement, les moyens d'assurer votre existence vont suivre. Cependant, considérez d'abord tout le panorama, le monde entier tel qu'il est, ses divisions nationales, sa cruauté, ses ambitions, ses haines et ses contrôles. Dès que vous verrez tout cela distinctement, vous verrez aussi apparaître un juste moyen d'existence – vous n'aurez pas à le chercher.

Toutefois, le problème pour beaucoup d'entre nous est le poids de nos responsabilités, nos familles comptent sur nous pour les soutenir financièrement. Et trouver du travail dans la société actuelle est très difficile, donc tout emploi est bienvenu. Alors, nous tombons dans la grande machine à broyer de la société.

Mais ceux qui ont moins d'obligations, sans besoin immédiat de trouver du travail, et qui par conséquent ont le loisir d'observer tout ce panorama, ceux-là *sont responsables.* Néanmoins, voyez-vous, s'ils n'ont pas le souci de chercher un emploi ils sont pris par autre chose, par leur épanouissement, par leurs petits conforts, leurs luxes et leurs passe-temps. Ils ont du temps, mais ils le gaspillent. Pourtant ce sont eux, eux qui ont du temps, les responsables du changement de société. N'étant pas contraints de gagner leur vie, ils devraient vraiment prendre à cœur toute cette question de l'existence, au lieu de se perdre dans l'action politique ou dans des activités superficielles. Ceux qui ont du temps, du loisir comme on dit, devraient se mettre en quête de vérité, car eux seuls peuvent provoquer une révolution dans le monde – certainement pas l'homme qui a l'estomac vide.

Hélas, ceux qui ont des loisirs ne s'occupent pas de l'éternel, ils sont trop occupés à meubler leur temps. Ils sont donc eux aussi créateurs de détresse et de misère dans le monde. Mais vous qui écoutez, vous qui disposez d'un peu de temps, réfléchissez et accordez à cette question la considération qu'elle mérite. Et par votre propre transformation, vous provoquerez une révolution mondiale.

8. Qu'est-ce qu'un moyen d'existence ?

Mesdames et messieurs, qu'entendons-nous par « moyen d'existence » ? Gagner suffisamment pour assurer nos besoins, nous nourrir, nous vêtir et nous loger, n'est-ce pas ? Le moyen d'existence ne pose problème que lorsque nous utilisons ce qui est essentiel à la survie – la nourriture, le vêtement et le logement – comme outils d'agression psychologique. C'est-à-dire lorsque nous nous servons de ces nécessités de base pour nous donner de l'importance, lorsque nous utilisons ces besoins vitaux pour enfler notre ego.

9. Rendez à César…

Tout ce que peut faire quelqu'un de sérieux et d'intelligent dans ce contexte, c'est rejeter l'état actuel des choses, et donner à la société tout ce qu'il peut lui donner. Je veux dire, monsieur, que si vous acceptez de la société qu'elle vous nourrisse, vous habille et vous loge, vous devez bien donner à cette société quelque chose en retour.

[…]

Alors que donnez-vous à la société ? Et qu'est-ce que la société ? La société, c'est la relation à deux ou à plusieurs, la société c'est votre rapport à l'autre. Et que lui donnez-vous en ce moment, à l'autre ? Lui *donnez*-vous quoi que ce soit au vrai sens du terme ? Ou est-ce que vous le payez pour quelque chose ?

[…]

Ne plus dépendre de personne pour nos besoins psychologiques est la seule façon d'avoir de justes moyens d'existence.

Vous me direz que c'est une réponse bien compliquée, mais il n'en est rien. La vie n'offre pas de réponse simpliste. Celui qui cherche une réponse simpliste à la vie est manifestement affligé d'un esprit éteint, d'un esprit borné : la vie n'a pas de conclusion, la vie n'a pas de schéma défini, la vie… elle vit, elle change, elle se transforme.

[…]

Si votre rapport à l'autre est de besoin et non d'avidité, vous trouverez de justes moyens d'existence là où vous êtes, même si la société est corrompue.

10. La véritable tâche de l'homme

Alors, quelle est la véritable tâche de l'homme ? Sans aucun doute, sa véritable tâche est de découvrir la vérité, Dieu ; c'est d'aimer et de ne pas se laisser enfermer dans ses propres activités de repli sur soi. Dans la découverte de ce qui est vrai se trouve l'amour. Et cet amour dans la relation entre l'homme et l'homme va créer une civilisation différente, un monde nouveau.

4

Le fondement de l'action juste

1. Et pourquoi changer ?

En premier lieu, pourquoi voulons-nous changer ce qui est, pourquoi vouloir une transformation ? Pourquoi ? Parce que ce que nous sommes ne nous satisfait pas, c'est une source de conflits et de troubles, et nous n'aimons pas cet état-là. Nous voulons quelque chose de mieux, de plus noble, de plus idéaliste. Donc notre désir de transformation provient de la souffrance, du mal de vivre et du conflit.

2. D'abord, nous sommes ennuyeux

Les activités de l'ego sont épouvantablement monotones. L'ego est assommant, il est intrinsèquement débilitant, sans intérêt, futile. Ses désirs s'opposent et se combattent, ses espoirs finissent en frustration, ses « réalités » et ses illusions sont fascinantes mais vides et toutes ses activités le conduisent à l'épuisement. Le moi n'arrête pas : il grimpe à l'échelle et retombe, il part en chasse et revient frustré, il veut tout gagner et perd chaque fois.

Lassé de ce manège de futilités, il s'évade dans des activités extérieures, des illusions gratifiantes, ou dans la boisson, le sexe, la radio, les livres, le savoir, les distractions, etc. Son pouvoir d'illusion est immense et très élaboré.

3. L'évasion ne résout pas les problèmes de l'ego

On cherche à s'oublier, en soi-même ou à l'extérieur : certains se tournent vers la religion, d'autres se jettent dans le travail et l'activité. Mais il n'y a pas moyen d'oublier l'ego. Le bruit du mental ou le bruit du monde peuvent le museler un moment, mais il resurgit vite sous une autre forme, car tout ce que l'on réprime refait surface. L'oubli de soi dans l'alcool ou le sexe, dans la dévotion ou le savoir fait le lit de la dépendance. Et ce dont vous dépendez crée un problème.

4. On ne résout jamais un problème à son seul niveau

Là où prédominent les activités de l'ego il y aura toujours des problèmes. Percevoir clairement la distinction entre ce qui est et ce qui n'est pas, l'activité de l'ego demande une vigilance constante.

[…]

Un problème ne se résout jamais à son seul niveau : il est complexe, donc pour le comprendre il faut le replacer dans son processus. Tenter de résoudre un problème au seul niveau physique, ou au seul niveau psychologique, perpétue le conflit et la confusion. Pour résoudre un problème, il faut cette attention, cette vigilance passive qui révèle le processus dans son entier.

5. La jeunesse et les problèmes

Je ne crois pas qu'il faille dissocier les problèmes de la jeunesse, de l'âge adulte et de la vieillesse : il n'y a pas de problème particulier à la jeunesse. On a cette impression parce que les jeunes viennent à peine de commencer leur vie.

Or, soit nous gâchons notre vie d'entrée, en nous enlisant dans un marécage de problèmes, d'incertitudes, d'insatisfactions et de désespoir, soit nous profitons de notre jeunesse – et c'est peut-être le seul moment – pour asseoir les bonnes fondations.

[…]

À mon sens, c'est dans la jeunesse, avant de s'engager dans une famille, un travail, des activités et des tracas, que l'on peut déjà semer la graine qui fleurira tout au long de la vie – plutôt que d'aller se perdre d'entrée de jeu dans la course absurde et dérisoire de l'existence quotidienne.

6. Le formatage de l'esprit, c'est le conditionnement

Vous le savez, on ne cesse de nous dire ce qu'il faut penser et ne pas penser. Les livres, les enseignants, les parents, notre milieu social, tout le monde nous dit quoi penser. Mais ils ne nous aident jamais à découvrir *comment* penser. Savoir quoi penser n'offre guère de difficulté, puisque dès la prime enfance nos esprits sont conditionnés par des mots, des phrases, des comportements acquis et des idées reçues.

Je ne sais si vous avez remarqué à quel point les gens âgés ont l'esprit arrêté : ils sont fixés comme l'argile dans un moule et briser ce moule est extrêmement difficile. Ce formatage de l'esprit, c'est le conditionnement.

7. Écouter la vie dans ses changements

C'est la compréhension qui est créatrice, pas le souvenir, pas la mémoire. L'élément libérateur, c'est la compréhension, et non tous ces objets que vous avez stockés dans votre esprit.

[…]

La vie est une chose que l'on écoute, que l'on comprend d'instant en instant, sans jamais accumuler d'expérience.

[...]

La vie court comme un fleuve, rapide, changeante, jamais immobile. Si vous allez vers la vie accablés de l'énorme fardeau de la mémoire, naturellement vous n'êtes jamais en contact avec la vie.

[...]

Tant que nous ployons sous les souvenirs, il n'y a jamais rien de nouveau. Et comme la vie est éternellement neuve, nous sommes incapables de la comprendre. C'est pourquoi notre existence est aussi insipide : nous sommes léthargiques, nous devenons mentalement et physiquement gras et laids.

8. L'action juste n'est pas l'obéissance

Quel que soit l'âge, la plupart d'entre nous obéissent, suivent et copient, par terreur de l'incertitude. Nous voulons être assurés, financièrement et moralement. Nous voulons être approuvés. Nous voulons une situation sans danger, un espace confiné, ne jamais être confrontés à la difficulté, à la douleur, à la souffrance.

[...]

Et seule la crainte du châtiment nous empêche de faire du mal aux autres.

9. Comprendre soi-même les problèmes de la vie

Quand on grandit et que l'on quitte le collège après avoir reçu une prétendue éducation, on doit faire face à de nombreux problèmes. Quelle profession choisir afin de nous épanouir et de vivre heureux ? Dans quel choix de vie, dans quel métier sentons-nous que nous n'exploiterons personne, que nous ne serons pas cruels pour les autres ? Nous devons affronter les problèmes de la souffrance, des catastrophes, de la mort. Nous devons comprendre la famine, la surpopulation, le sexe, la douleur et le plaisir. Nous devons apprendre à gérer tout ce qui est confus et contradictoire dans l'existence, les disputes entre les hommes, entre l'homme et la femme, les conflits intérieurs et les luttes extérieures. Nous devons comprendre l'ambition, la guerre, l'esprit militariste – et comprendre aussi cette chose extraordinaire que l'on appelle la paix, qui est bien plus vitale qu'on ne le réalise. Nous devons pénétrer le sens de la religion, qui n'est ni la spéculation théorique ni l'adoration d'images – et découvrir aussi cette chose si étrange et complexe que l'on appelle l'amour.

Nous devons être sensibles à la beauté de la vie, à l'oiseau dans son vol – sensible aussi au mendiant, à la condition sordide des pauvres, aux bâtiments hideux que les gens construisent, à la route pleine de saletés et au temple plus sale encore. Nous devons faire face à tous ces problèmes. Et aborder la question de savoir qui suivre et qui ne pas suivre. Et s'il faut vraiment suivre quelqu'un.

En général, nous effectuons un petit changement par-ci par-là et cela nous suffit. Plus nous vieillissons, moins nous voulons de changement profond et fondamental, car nous avons peur. Une transformation totale ne nous vient pas à l'esprit, nous pensons en termes de changements cosmétiques. Et un coup d'œil suffit pour voir que ces changements-là ne changent rien du tout. Ce n'est pas une révolution radicale, simplement la continuité modifiée de ce qui existait déjà.

Vous devez faire face à tout cela : à votre bonheur et à votre détresse intime comme au bonheur et à la détresse du monde, à votre ambition personnelle et à vos poursuites égocentriques comme à l'ambition, aux motivations et aux poursuites des autres. Vous devez faire face à la compétition et à la corruption, en vous-mêmes comme chez les autres ; à la détérioration de l'esprit et au vide du cœur. Tout cela, vous devez le connaître, l'affronter et le comprendre, seuls.

10. Aucun penseur n'a résolu vos problèmes

Penser n'a jamais résolu nos problèmes. Les beaux esprits, les philosophes, les érudits, les leaders politiques n'ont jamais vraiment résolu un seul de nos problèmes humains – qui se résument à la relation entre vous et un autre, entre vous et moi.

11. L'intelligence, c'est être libéré de soi-même

L'intelligence n'est possible que si l'on s'est complètement libéré de l'ego, du moi, autrement dit quand l'esprit n'est plus le centre de commande du « plus », quand il n'est plus poussé par le désir d'une expérience plus grandiose, plus vaste, plus étendue.

12. N'abordez rien avec violence

Ne cédez pas, ne courbez pas l'échine devant ces multiples influences. Mais affrontez-les, comprenez-les telles qu'elles sont, voyez ce qu'elles signifient réellement et ce qu'elles valent – dans un esprit de douceur et une grande force intérieure, afin de ne pas créer plus de discorde dans le monde.

Quatrième partie

LES RELATIONS

1

Qu'est-ce que la relation ?

1. Sommes-nous en relation ou sont-ce nos images ?

Quand nous parlons de relation, que voulons-nous dire ? Sommes-nous jamais reliés à quelqu'un ? Ou n'est-ce qu'une relation entre deux images, celles que chacun a conçue de l'autre ? J'ai une image de vous et vous avez une image de moi. De vous j'ai l'image que vous êtes « ma femme » ou « mon mari » – et vous faites de même pour moi. La relation a lieu entre ces deux images, c'est tout. Être en relation n'est possible qu'en l'absence d'image, quand je peux vous regarder et quand vous pouvez me regarder sans l'image restée en mémoire – les insultes et tout le reste. Alors il y a une relation.

Cependant, l'observateur est par nature une image, n'est-ce pas ? Par conséquent l'image de moi observe une image de vous – si c'est une chose possible – et l'on appelle cela « relation ». Mais elle se passe entre deux images : une relation entre deux images est inexistante.

Être en relation, c'est être en contact. Le contact est forcément quelque chose de direct, pas un face-à-face d'images. Et il me faut une très grande attention, une vraie présence pour regarder l'autre sans l'image que j'en ai, faite des souvenirs que j'ai de cette personne – elle m'a insulté ou elle m'a fait plaisir, et ceci cela.

Il n'y a de relation entre deux êtres qu'en l'absence d'image.

2. La relation n'est pas la dépendance

Actuellement, nos relations reposent surtout sur la dépendance, économique ou morale. Cette dépendance crée la peur, génère en nous l'instinct de possession, et aboutit à des frictions, des soupçons, de la frustration. Un problème de dépendance économique peut être résolu par les moyens légaux et une organisation adéquate, mais ici je me réfère essentiellement à la dépendance *psychologique* d'un autre, née de notre soif de satisfaction personnelle, de bonheur, etc. Dans cette relation possessive nous nous sentons plus riches, plus créatifs, plus actifs – grâce à l'autre, la petite flamme de notre être brille plus fort. Craignant de perdre cette source de complétude, on craint de perdre l'autre. Alors l'anxiété possessive s'installe, avec son cortège de problèmes.

C'est pourquoi dans toute relation de dépendance psychologique règnent toujours la peur et la suspicion – conscientes ou non, souvent dissimulées derrière des mots gentils. En réaction à cette peur, on ne manque pas de chercher la sécurité et l'enrichissement intérieur par d'autres voies ; ou bien on s'isole dans un monde d'idées et d'idéaux ; ou encore on cherche des substituts pour retrouver la satisfaction.

Mais tout en dépendant de l'autre, on garde aussi le désir de rester inviolé, de rester intact. Alors la relation devient un problème compliqué : comment aimer sans dépendre, sans friction ni conflit ; comment vaincre l'envie de s'isoler ou de nier toute responsabilité dans le conflit.

Comme notre bonheur dépend des autres ou de la société, ou encore de l'environnement, ces éléments nous deviennent essentiels, nous nous y raccrochons et nous nous opposons violemment à tout changement, car notre sécurité psychologique et notre bien-être en dépendent. Nous percevons peut-être, intellectuellement, que la vie est un mouvement, un flux continu, une perpétuelle mutation exigeant le changement permanent. Mais émotionnellement, sentimentalement, nous restons bien amarrés aux valeurs établies et rassurantes. Il y a donc une bagarre perpétuelle entre changement et désir de permanence. Est-il possible de mettre fin à ce conflit ?

3. Peut-on aimer sans posséder ?

La vie ne peut exister sans relation. Cependant, en fondant la relation sur un amour personnel et possessif, nous avons rendu l'existence parfaitement hideuse et insoutenable.

Peut-on aimer sans posséder ? On ne trouvera pas la bonne réponse dans la fuite que sont l'idéal et la croyance, mais en comprenant les causes de la dépendance et de l'instinct de possession. Si l'on est capable d'élucider à fond la question de notre relation à une seule personne, il sera peut-être possible de comprendre et de résoudre les problèmes de notre relation à la société. En effet, la société n'est rien d'autre que l'extension de nous-mêmes.

4. Toute société est faite de relations personnelles

Le milieu, ce que nous appelons la société, est l'ouvrage des générations passées. Nous acceptons la société car elle nous soutient dans notre avidité, notre instinct de possession et notre illusion.

Dans cette illusion, l'unité ou la paix sont impossibles. Une simple union économique créée par voie légale et sous la contrainte est incapable de mettre fin à la guerre. Tant que nous ne comprendrons pas la relation individuelle, nous n'aurons pas une société en paix. Puisque notre relation repose sur l'amour possessif, nous devons regarder en nous-mêmes comment cet « amour » prend naissance, quelles en sont les causes et comment il agit. Quand on prend profondément conscience du mécanisme de l'instinct de possession, de sa violence, de ses peurs et de ses réactions, il se produit une compréhension totale, complète. Cette compréhension suffit à libérer la pensée de la dépendance et de l'instinct de possession.

L'harmonie dans la relation ne se découvre qu'en soi-même, jamais chez l'autre, jamais dans l'environnement.

5. Regardez-vous, ne regardez pas l'autre

Dans la relation, la principale cause de friction, c'est nous, c'est l'ego, le centre de commande de toutes les avidités. Quand on ne peut plus ignorer que ce que fait l'autre n'a pas tant d'importance, que ce qui compte c'est la manière dont chacun de nous agit et réagit, et si l'on comprend foncièrement et en profondeur cette action-réaction, la relation va changer radicalement, changer du tout au tout.

Dans cette relation à l'autre, il n'y a pas que la question physique, il y a la question de la pensée et des sentiments, à tous les niveaux. Et l'on ne peut être en harmonie avec quelqu'un qu'en étant intégralement en harmonie avec soi-même.

Dans la relation il faut toujours garder à l'esprit que le plus important n'est pas l'autre mais soi-même. Il ne s'agit pas de s'isoler, mais de comprendre au fond de soi-même la cause du conflit et de la souffrance. Tant que nous dépendrons d'un autre pour notre bien-être psychologique, intellectuel ou émotionnel, cette dépendance va fatalement créer la peur, et celle-ci éveiller la souffrance.

6. La vie, c'est la relation

La vie est la relation aux choses, aux personnes et aux idées. Quand nous ne répondons pas à ces relations pleinement et avec justesse, le conflit jaillit de l'impact de la provocation.

7. Le miroir de la relation

La relation est sans conteste le miroir dans lequel vous vous découvrez vous-mêmes. Sans relation, vous n'êtes pas : être, c'est être relié. Être relié c'est l'existence. Vous n'existez qu'en relation, sinon vous n'existez pas, l'existence n'a aucun sens. Ce n'est pas parce que vous *pensez être* que vous entrez en existence – vous existez parce que vous êtes reliés. Et le manque de compréhension de la relation cause le conflit.

8. La clé du bonheur, c'est se connaître dans la relation

Vous commencez à vous comprendre dans le miroir de vos pensées, dans le miroir de la relation.

[…]

Je sens que le bonheur est entre nos mains. Et que la clé de ce bonheur est dans la connaissance de soi. Vous ne la trouverez pas dans Freud, Jung, Shankara ou un autre, mais dans la connaissance de vous-mêmes issue de vos propres découvertes, au sein de la relation, jour après jour.

[...]

Par l'observation, par une conscience sans effort du mouvement de vos pensées quotidiennes – en prenant le bus, en conduisant votre voiture, en parlant à votre femme, à vos enfants, à votre voisin – en observant tout cela comme dans un miroir, vous commencez à percevoir votre façon de parler, votre façon de penser, votre façon de réagir. Et vous découvrez dans cet apprentissage de vous-mêmes que vous avez en vous quelque chose que l'on ne trouve ni dans les livres, ni dans les philosophies, ni dans les enseignements d'aucun gourou.

9. Il faut casser la machine à faire des images

Donc établir une relation juste, c'est détruire l'image. Mais il faut casser la *machine* à faire de l'image – la machine qui est en vous, celle qui est dans l'autre. Sinon, vous aurez beau éliminer une image particulière, la machine en créera une autre.

10. Où commence l'image ?

Il faut examiner cela, découvrir comment l'image prend naissance, et s'il est possible de stopper la machinerie qui la produit. Alors seulement s'établira la relation entre les humains. Ce ne sera plus la rencontre de deux images, qui sont des entités mortes.

C'est très simple : vous me flattez, vous me montrez du respect, et à cause de cette flatterie j'ai une image de vous. Ou j'ai une expérience quelconque : un chagrin, la mort, un tourment profond, un conflit, la faim ou la solitude. Tout cela crée en moi une image, je suis cette image – je ne suis pas une image, mais l'image et « je » sont indissociables, « je » est cette image, le penseur est cette image. C'est le penseur qui crée l'image. À partir de ses réponses et de ses réactions physiques, psychologiques et intellectuelles, le penseur, l'observateur, celui qui fait l'expérience, crée cette image en s'aidant de la mémoire, de la pensée. Donc la machinerie pense, la machinerie entre en existence par la pensée. Or la pensée est indispensable, sans elle vous ne pouvez vivre.

Voyez d'abord le problème. La pensée crée le penseur. Le penseur commence par se créer une image de lui-même : il crée l'image et il y puise son existence. Penser déclenche toute cette machinerie. Vous allez dire : « Comment puis-je cesser de penser ? » Vous ne le pouvez pas. Mais il est possible de penser et de ne pas créer d'image.

11. Les opinions ne sont que des images

Naturellement, entre des images il n'y a pas de relation. Si vous avez votre opinion sur moi et moi une opinion sur vous, comment pouvons-nous avoir une relation ? Il n'est de relation que libre – quand on est libre de cette formation d'images.

12. L'image de soi amène à souffrir

Pourquoi êtes-vous blessés ? Vous êtes blessés dans votre propre importance, n'est-ce pas ? Et pourquoi cette importance ?

Parce que l'on a une idée, une représentation de soi, une image de soi, de ce que l'on devrait être, de ce que l'on est, ou de ce que l'on ne devrait pas être. Alors pourquoi crée-t-on une image de soi ?

2

Amour, désir, sexe et dépendance

1. Dans l'attachement et la dépendance, il n'y a pas d'amour

Les relations psychologiques reposent sur la dépendance, c'est la raison de la peur. Il ne s'agit pas de trouver comment ne pas dépendre – seulement de voir le fait que nous dépendons. Dans l'attachement il n'y a pas d'amour, vous dépendez parce que vous ne savez pas aimer. Et la peur vient de là. Maintenant ne demandez pas comment aimer, ni comment vous libérer de la peur : l'important, c'est de voir ce fait.

2. Dès qu'il y a dépendance la peur est là

Cessez de réfuter, d'admettre, d'avancer vos opinions, cessez de citer celui-ci ou celui-là, écoutez simplement ce fait : il n'y a pas d'amour dans l'attachement ; dans la dépendance il y a la peur. Bien sûr, vous dépendez du crémier qui vous livre le lait, vous dépendez des horaires de train ou de la solidité d'un pont ; mais je parle de dépendance morale, de cette profonde dépendance psychologique des idées, des possessions et des êtres. Elle enfante la peur.

3. L'amour naît quand on comprend la relation

On ne peut pas cultiver l'amour. L'amour n'est pas une chose que l'esprit puisse acheter. Vouloir pratiquer la compassion c'est faire de la compassion un objet mental, donc ce n'est pas l'amour. L'amour prend naissance obscurément, secrètement et pleinement quand nous comprenons tout le processus de la relation. Alors l'esprit se tait, il cesse d'encombrer le cœur avec des objets du mental. Et ce qui est amour peut entrer en existence.

4. Pourquoi avoir donné tant d'importance au sexe ?

Qu'entendons-nous par « problème sexuel » ? Le problème, est-ce l'acte lui-même ou est-ce le fait de penser au sexe ? Ce n'est sûrement pas l'acte sexuel, il ne vous pose pas plus de problème que de manger. Évidemment, si vous ruminez toute la journée l'idée de manger parce que vous n'avez rien d'autre à penser, cela devient votre problème.

[…]

Mais pourquoi lui donner une telle importance, car c'est clairement ce que vous faites ? Les films, les magazines, les romans, les vêtements féminins, tout vous incite à penser au sexe. Pourquoi l'esprit s'excite-t-il ainsi ? Pourquoi même pense-t-il au sexe ? Pourquoi, mesdames et messieurs ? C'est *votre* problème. Pourquoi ?

Pourquoi est-ce devenu la question centrale de votre existence ? Alors que tant de choses vous interpellent et réclament votre attention, vous mettez tous vos soins à penser au sexe. Qu'est-ce qui se passe ? Pourquoi vos esprits en sont-ils à ce point obnubilés ?

Parce que c'est le nec plus ultra de l'évasion, n'est-ce pas ? C'est le parfait moyen d'oubli. Pendant l'acte, en tout cas pour un moment, vous pouvez vous oublier. Et il n'existe pas d'autre moyen : à part le sexe, tout ce que vous faites dans l'existence met l'accent sur le « moi », sur l'ego. Vos affaires, votre religion, vos dieux, vos leaders, votre action politique, vos activités économiques, vos distractions, vos occupations sociales, votre engagement dans un parti et votre rejet d'un autre – tout accentue et renforce le « moi ».

[…]

Comme il ne vous reste dans l'existence que ce boulevard vers l'évasion suprême, vers l'oubli total de vous-mêmes, ne serait-ce que pour quelques secondes, vous ne le lâchez plus : c'est le seul moment où vous êtes heureux.

[…]

Le sexe demeurera un problème incroyablement complexe et difficile tant que vous ne comprendrez pas l'esprit qui rumine cette question.

5. Pourquoi le sexe est-il un problème ?

Comment se fait-il que tout ce que nous touchons se change en problème ? Pourquoi le sexe est-il devenu un problème ? Pourquoi nous résignons-nous à vivre avec des problèmes, pourquoi ne pas leur mettre un point final ? Pourquoi ne pas mourir à nos problèmes au lieu de les traîner derrière nous, jour après jour, année après année ? C'est vrai, le sexe est une question pertinente et je vais y répondre, mais il y a une interrogation qui passe avant : pourquoi faisons-nous de la vie un problème ? Le sexe, le travail, gagner de l'argent, réfléchir, ressentir, expérimenter – vous savez bien, toute cette affaire qu'est l'existence – pourquoi est-ce un problème ? N'est-ce pas essentiellement parce que nous pensons toujours en partant d'un point de vue personnel, d'un point de vue arrêté ?

6. Le désir n'est pas l'amour

Le désir n'est pas l'amour, le désir mène au plaisir, le désir c'*est* le plaisir.

Nous ne répudions pas le désir. Dire qu'il faut vivre sans désir serait complètement stupide, c'est impossible. Pourtant les humains l'ont essayé. Certains se sont interdit tout plaisir, ils se sont infligé des disciplines, ils se sont torturés ; mais le désir a persisté, créant le conflit et tous les effets violents de ce conflit. Nous ne prônons pas l'absence de désir. Cependant nous devons comprendre l'ensemble du phénomène désir-plaisir-souffrance car, si l'on peut aller au-delà, il existe une béatitude et une extase, qui est l'amour.

3

La famille et la société : une relation ou une exclusion ?

1. La famille et la société

C'est la famille contre la société, la famille contre toute la relation humaine. La famille, voyez-vous, c'est choisir d'habiter une fraction d'une vaste maison et vivre dans une petite pièce en lui donnant une importance extraordinaire. Pourtant, cette pièce n'a de valeur que par son appartenance à la maison. Comme cette pièce n'existe qu'en lien avec l'ensemble de la maison, la famille est reliée à l'existence humaine tout entière.

Pourtant on l'en sépare, pour mieux s'y attacher. Notre famille, nous en faisons toute une affaire, mes relations et tes relations, etc., tout en nous disputant sans arrêt. La famille est comme cette chambrette dans la grande maison : si l'on ignore tout de la maison, la chambrette prend une importance formidable. Si vous faites fi de toute l'existence humaine, la famille devient très importante.

La famille n'a d'importance que dans sa relation avec toute l'existence humaine. Sinon elle devient une chose affreuse, une monstruosité.

2. Aimons-nous vraiment nos familles ?

Nous disons : « J'aime ma famille », mais nous n'aimons pas vraiment cette famille. Nous n'aimons pas nos enfants – c'est vrai, nous ne les aimons pas. Quand vous dites aimer vos enfants, vous voulez dire qu'ils font maintenant partie de vos habitudes, ce sont vos jouets, des sujets d'amusement pour un temps. Car si vous aimiez quoi que ce soit, si vous aimiez vos enfants, vous en prendriez plus de soin.

Vous savez ce que cela veut dire, prendre soin ? Quand vous plantez un arbre, il vous tient à cœur, vous le chérissez, vous le nourrissez. D'abord vous creusez le sol bien profond, en veillant à ce que le substrat soit bon, vous plantez l'arbre, vous lui mettez un support, vous venez le voir tous les jours – vous en prenez soin comme s'il faisait partie de vous-mêmes.

Mais vous n'aimez pas les enfants de cette façon. Si c'était le cas, vous auriez une tout autre éducation.

Si c'était le cas, il n'y aurait pas de guerre, il n'y aurait pas de pauvreté. On ne formerait pas exclusivement les esprits à la technique. Il n'y aurait pas de compétition, il n'y aurait pas de nationalité.

Mais nous avons laissé croître tout cela, parce que nous n'aimons pas.

3. La dépendance fait de vous un incapable

Vous prétendez aimer quelqu'un : n'en êtes-vous pas dépendant ? Quand on est jeune, c'est très bien de dépendre de son père, de sa mère, de son professeur ou de son tuteur : vous êtes jeunes, vous avez besoin que l'on s'occupe de vous, vous avez besoin d'être vêtus, abrités, vous avez besoin de sécurité. Quand on est jeune on ressent très fort ce besoin de rester groupés tous ensemble, ce besoin que quelqu'un prenne soin de vous. Mais en vieillissant, le sentiment de dépendance subsiste, n'est-ce pas ? Ne l'avez-vous pas remarqué chez les gens âgés ? Avez-vous noté à quel point ils dépendent de leurs femmes, de leurs enfants, de leurs mères ? En avançant en âge ils continuent à vouloir se raccrocher à quelqu'un, ils ressentent toujours ce besoin de dépendre. S'ils ne peuvent pas compter sur quelqu'un, être guidés par quelqu'un, trouver chez un autre être une chaleur et une sécurité, ils se sentent esseulés, n'est-ce pas ? Ils se sentent perdus.

Cette dépendance de l'autre, on l'appelle l'amour, mais regardez-y de plus près et vous verrez : la dépendance est de la peur, ce n'est pas de l'amour. Ils ont peur d'être seuls, peur de devoir réfléchir par eux-mêmes.

Trop peureux pour ressentir, pour observer, pour découvrir toute la signification de l'existence, ils se mettent en tête d'aimer Dieu. Alors ils dépendent de ce qu'ils nomment Dieu. Ce sentiment est une vue de l'esprit, ce n'est pas fiable, ce n'est pas Dieu, l'inconnu. C'est pareil pour tout idéal, pour toute croyance. Mais on croit en quelque chose et cela offre un grand réconfort.

[…]

Il est normal de dépendre quand on est jeune, mais rester dépendant dans l'âge mûr vous ôte la capacité de réfléchir, d'être libre. La dépendance, c'est la peur, et la peur appelle l'autorité. Il n'y a pas d'amour.

4. Avoir une famille est naturel. S'y terrer est une calamité

La famille telle qu'elle est aujourd'hui est une unité relationnelle limitée, repliée sur elle-même et exclusive.

[…]

Ce désir intime de sécurité psychologique, il faut le comprendre et non remplacer un système de sécurité par un autre. Par conséquent le problème n'est pas la famille, c'est le désir d'être en sécurité. Or le désir de sécurité n'est-il pas un agent d'exclusion, à tous les niveaux ? Cette mentalité exclusive se manifeste dans la famille, dans l'instinct de propriété, dans l'État, la religion – partout. Et n'est-ce pas ce désir de sécurité intérieure qui pousse à créer dans le monde extérieur des sécurités qui sont toujours des exclusions ?

Or le désir de sécurité tue la sécurité. L'exclusion et la séparation mènent fatalement à la désintégration dont les symptômes sont le nationalisme, la lutte des classes et la guerre.

Utiliser la famille pour assurer sa sécurité intérieure est une source de désordre. Et un fléau social.

5. La seule sécurité, c'est d'apprendre à vivre sans sécurité intérieure

Quand on ne cherche plus la sécurité intérieure, on peut vivre en sécurité dans le monde.

[...]

Utiliser l'autre pour sa satisfaction et sa sécurité, ce n'est pas l'amour. L'amour n'est jamais la sécurité. L'amour est un état qui ignore le désir de sécurité, c'est un état de vulnérabilité. C'est le seul état où l'exclusion, l'hostilité et la haine sont impossibles. Dans cet état, une famille peut se former, mais elle ne sera ni exclusive, ni repliée sur elle-même.

4

La nature et la terre

1. Quelle est notre relation à la nature ?

Je ne sais pas si vous avez découvert votre relation à la nature, mais il n'y a pas de « bonne » relation, il faut comprendre la relation. Une « bonne » relation se résume à consentir à une norme, comme une bonne pensée. Avoir de bonnes pensées et penser juste sont deux choses très différentes. La bonne pensée se conforme à ce qui est correct, à ce qui est respectable, alors que penser juste est un *mouvement,* c'est le fruit de la compréhension, la compréhension qui se modifie et change constamment. On retrouve cette même distinction entre « avoir une bonne relation » et comprendre notre relation à la nature.

Alors, quelle est votre relation à la nature ? La nature, c'est-à-dire les rivières, les arbres, les oiseaux au vol rapide, les poissons dans l'eau, les minéraux du sous-sol, les cascades et les petites flaques peu profondes : quelle relation avez-vous avec tout cela ? Pour la plupart, nous n'avons même pas conscience de cette relation. Nous ne regardons jamais un arbre, sauf pour l'utiliser – pour nous asseoir à son ombrage, ou pour le couper et en faire du bois. Autrement dit, notre regard sur l'arbre est utilitaire : jamais nous ne regardons un arbre sans nous projeter nous-mêmes, sans chercher à l'utiliser dans notre intérêt.

2. Aimons-nous notre terre ?

C'est ainsi que nous traitons la terre et les choses qu'elle produit. On n'aime pas la terre, on l'exploite. Si nous l'aimions réellement, nous utiliserions ce qu'elle nous donne avec frugalité. Je veux dire que pour comprendre ce qui nous relie à la terre, nous devrions être très scrupuleux dans l'usage que nous faisons des choses de la terre.

Comprendre notre relation à la terre est aussi difficile que de comprendre notre relation à notre voisin, à notre épouse ou aux enfants, mais nous n'y avons jamais accordé une pensée. Jamais nous ne nous asseyons pour regarder les étoiles, la lune ou les arbres. Nous sommes bien trop occupés par nos activités sociales et politiques. Si ces activités-là sont clairement des évasions de nous-mêmes, le culte de la nature est lui aussi une évasion. Ainsi utilisons-nous toujours la nature comme échappatoire ou dans un but utilitaire. Nous ne nous arrêtons jamais pour prendre le temps d'aimer la terre, d'aimer les choses de la terre. Nous ne nous réjouissons pas de la luxuriance des champs, ces champs que nous exploitons pour nous nourrir et nous vêtir. Nous n'aimons pas pétrir la terre de nos mains. D'ailleurs nous avons honte de travailler de nos mains.

3. Cette terre n'est ni la vôtre, ni la mienne

Donc, nous avons perdu notre relation à la nature. Si seulement nous pouvions comprendre cette relation et l'importance qu'elle a, nous cesserions de partager la terre entre ce qui est à toi et ce qui est à moi. Bien sûr, on pourrait posséder un bout de terrain pour y construire une maison, mais on cesserait de le considérer comme exclusivement « mien » – ce serait simplement un moyen de se mettre à l'abri.

Parce que nous n'aimons pas la terre ni les choses de la terre, parce que nous ne savons que les exploiter, nous avons perdu le contact avec la vie : la beauté d'une chute d'eau nous laisse insensibles, nous n'allons jamais nous asseoir au pied d'un arbre, le dos appuyé au tronc. Et comme nous n'aimons pas la nature, nous ne savons pas comment aimer les êtres humains ni les animaux.

4. Nous sommes des gardiens temporaires

Cela ne veut pas dire que vous ne pouvez pas utiliser la terre, mais vous devez en user de la bonne façon. La terre est là pour qu'on l'aime et que l'on en prenne soin, pas pour qu'on la découpe en « votre » terre et « ma » terre. Planter un arbre dans un enclos et l'appeler « mon arbre », c'est ridicule.

5

Le mariage, l'amour et le sexe

1. Le mariage est-il une exploitation mutuelle ?

Alors vous appelez cela de l'amour, cette relation conjugale possessive et jalouse, faite de peurs, de reproches constants, de domination et d'assertion ? Peut-on appeler cela de l'amour ? Posséder un être et créer à cette intention une société qui vous facilite la possession de cet être, vous appelez cela de l'amour ? Utiliser quelqu'un pour votre confort sexuel ou pour tout autre usage, vous appelez cela de l'amour ? Ça ne l'est pas, c'est évident. Dans la jalousie, la peur et la possession, il n'y a pas d'amour. Comment l'amour admettrait-il la discorde ou la jalousie ? Dès que l'on possède, la peur est là – vous pouvez appeler cela de l'amour, mais on en est loin.

Mesdames et messieurs, éprouvez-le en vous-mêmes pendant que nous parlons. Vous vivez en couple avec des enfants, vous avez un mari, une femme que vous possédez, que vous utilisez, que vous craignez ou dont vous êtes jaloux. Prenez-en conscience. Et voyez s'il s'agit d'amour.

2. On ne peut pas penser à l'amour

Vous pouvez penser à la personne que vous aimez, mais vous ne pouvez pas penser à l'amour. L'amour ne peut pas être pensé. On peut s'identifier à une personne, à une nation, à une Église, mais dès que vous pensez à l'amour, ce n'est pas l'amour, c'est une représentation mentale.

[...]

Comme l'esprit est actif, il remplit le vide du cœur avec les choses de l'esprit. Alors nous jouons avec ces choses de l'esprit. Et nous fabriquons des problèmes.

[...]

Les problèmes sont les créatures de l'esprit. Si l'esprit veut résoudre les problèmes qu'il crée il doit s'arrêter. Il faut que l'esprit s'arrête pour que l'amour soit.

3. Quand on sait aimer l'un, on sait aimer le tout

L'amour ne peut être pensé, l'amour ne peut être cultivé, l'amour ne peut être pratiqué. Pratiquer l'amour, pratiquer la fraternité, etc., c'est du domaine du mental, ce n'est pas l'amour.

Quand tout cela a cessé, l'amour apparaît. Vous saurez alors ce qu'est aimer. Aimer est une qualité, pas une quantité. On ne va pas prétendre aimer le monde entier. Mais quand on sait aimer un seul être, on sait tout aimer. Or nous ne savons pas aimer un seul être, donc notre amour de l'humanité n'est qu'une fable. Quand on aime, on ne parle plus d'un seul ni de plusieurs – il n'y a que l'amour.

Nos problèmes ne trouveront leur solution que dans l'amour. Alors nous connaîtrons sa félicité et son ravissement.

4. L'amour dans la relation

Comme il est facile de détruire ce que nous aimons ! Comme une barrière se dresse vite entre nous, pour un mot, un geste, un sourire ! L'état de santé, l'humeur ou le désir projette son ombre, et ce qui était lumineux devient terne et pesant. À force d'usage nous nous sommes usés, et ce qui était clair et net est devenu lassant et compliqué. À force de frictions répétées et d'espoirs frustrés, ce qui était beau et simple s'est changé en craintes et en attentes. La relation est une chose complexe et difficile, et très peu en sortent indemnes. Nous aimerions qu'elle soit stable, durable et sans accroc, mais la relation est un mouvement, une dynamique qu'il faut comprendre pleinement et en profondeur au lieu de vouloir la caser dans un moule imposé par soi-même ou par l'extérieur. Le conformisme, autrement dit la structure sociale, ne perd son aplomb et son autorité que devant l'amour. L'amour est un purificateur, il dévoile tous les procédés de l'ego. Sans cette révélation, la relation ne veut pas dire grand-chose.

5. Nous n'aimons pas, nous avons soif d'amour

Mais comme on se débat contre cette révélation ! On lutte de bien des façons, par la domination ou la soumission, par la peur ou par l'espoir, par la jalousie ou par la résignation, et ainsi de suite.

L'ennui est que nous n'aimons pas. Et s'il nous arrive d'aimer nous voulons que cet amour se comporte d'une certaine façon, nous ne lui lâchons jamais la bride. Nous aimons avec notre esprit, pas avec notre cœur. Or l'esprit peut changer d'avis, l'amour ne le peut pas ; l'esprit peut se rendre invulnérable, l'amour ne le peut pas ; l'esprit peut toujours se désengager, se montrer sélectif, il peut être personnel ou impersonnel – mais on ne mesure pas l'amour, on ne garantit pas l'amour.

Notre problème est d'appeler « amour » ce qui n'est en fait qu'une image mentale. Nous remplissons nos cœurs de choses de l'esprit, donc nous les laissons vides et toujours en attente. Ce qui s'accroche, ce qui jalouse, ce qui ne veut pas lâcher et qui détruit, c'est l'esprit. Notre existence est dominée par nos centres vitaux et par l'esprit.

Nous n'aimons pas et cela nous gêne peu, mais nous sommes assoiffés d'amour. Nous donnons dans l'espoir de recevoir, c'est la générosité de l'esprit, pas celle du cœur. L'esprit ne recherche qu'une chose, la certitude et la sécurité, alors comment l'esprit pourrait-il certifier l'amour ? Comment l'esprit, dont l'essence est le temps, pourrait-il capturer l'amour ? L'amour est sa propre éternité.

Même l'amour du cœur nous joue des tours, car nous avons tellement dénaturé notre cœur qu'il est devenu hésitant et ne sait plus que faire. C'est ce qui rend l'existence si lassante et si pénible : un moment on croit que l'amour est là, l'instant d'après il est perdu. Voici pourtant une force impondérable, inconnue de l'esprit, qui jaillit de sources probablement insondables. Mais cette force est quand même étouffée par l'esprit, dans une bataille dont ce dernier semble invariablement sortir vainqueur.

Ce conflit en nous, ni les subtilités du mental, ni les hésitations du cœur ne peuvent le résoudre. Il n'existe aucune formule, aucune méthode pour mettre fin à ce conflit. La recherche d'une méthode, c'est encore l'esprit qui brûle de reprendre la main, de se débarrasser du conflit pour trouver la paix, pour obtenir l'amour, pour *devenir* quelque chose.

6. L'amour n'est ni mien ni vôtre

Nous éprouvons les pires difficultés à réaliser clairement et définitivement qu'il n'existe aucun moyen d'aimer selon les visées et les désirs de l'esprit. Quand on a réellement et profondément compris cela, il devient possible de recevoir une chose qui n'est pas de ce monde. Sans être touché par cette chose, nous aurons beau faire, il n'y aura jamais de bonheur durable dans la relation.

Seulement, si vous avez été touché par cette grâce et moi pas, nous serons en conflit, naturellement – vous non, probablement, mais moi je le serai, et dans mon chagrin et ma souffrance je me couperai de vous. Car la souffrance exclut autant que le plaisir, et tant que n'apparaît pas cet amour qui n'est pas mon ouvrage, la relation fait mal.

Mais vous qui avez reçu la grâce de cet amour, vous ne pouvez pas vous empêcher de m'aimer comme je suis, car vous ne mesurez pas l'amour à mon comportement.

7. Pourquoi sommes-nous blasés sur la relation ?

Observez-le : nous avons perdu tout intérêt à la relation parce que nous ne faisons que penser, calculer, juger, soupeser et nous ajuster. Une seule chose peut nous libérer de cela, c'est l'amour, qui n'est pas une manœuvre de la pensée.

8. Faute d'amour, on invente le mariage

Quand il n'y a pas d'amour, l'institution du mariage devient un cadre nécessaire. Quand l'amour est là, le sexe n'est pas un problème, c'est le manque d'amour qui fait du sexe un problème, ne le savez-vous pas ? Quand vous aimez vraiment profondément quelqu'un – non d'un amour de tête mais d'un amour vrai, d'un amour du cœur –, vous partagez avec elle ou lui tout ce que vous avez, pas seulement votre corps, vous partagez *tout*. Si vous avez un souci, vous faites appel à l'autre et il vous aide. Quand on aime, il n'y a pas de division entre l'homme et la femme. Il y a un problème sexuel parce que vous ne connaissez pas l'amour.

9. La satisfaction des besoins n'est pas la flamme de l'amour

Un auditeur. — *Vous parlez de la relation fondée sur l'utilisation de l'autre pour sa propre satisfaction, mais vous faites aussi souvent allusion à un état nommé amour. Qu'entendez-vous par l'amour ?*

Nous savons ce qu'est notre relation : une gratification mutuelle et une utilisation réciproque, sous couvert du mot « amour ». Mais on ressent de la tendresse pour ce que l'on utilise, et le besoin de le sauvegarder. Tout comme nous protégeons nos frontières, nos livres et nos propriétés, nous veillons à sauvegarder nos épouses, nos familles et notre société – car sans elles nous serions perdus, nous serions tout seuls. Sans l'enfant, les parents se sentent seuls. L'enfant va devenir ce que vous n'êtes pas, donc l'enfant devient l'instrument de votre vanité.

Nous connaissons bien cette relation de besoin et d'usage : certes, nous avons besoin du facteur et il a besoin de nous, mais nous ne prétendons pas aimer le facteur ! Pourtant nous prétendons aimer nos femmes et nos enfants, alors que nous les utilisons pour notre satisfaction personnelle et que nous n'hésiterons pas à les sacrifier pour la gloriole d'être déclaré patriote. Nous connaissons parfaitement ce processus, et il est évident que ça ne peut pas être l'amour : un amour qui utilise, qui exploite et ensuite le regrette ne peut pas être l'amour. L'amour n'est pas une chose du mental.

Alors éprouvons-le, découvrons ce qu'est l'amour – découvrons sans le mot, faisons réellement l'expérience de cet état. Si vous m'utilisez comme gourou et que je vous utilise comme disciple, c'est de l'exploitation mutuelle. Si vous utilisez votre femme et vos enfants pour avancer dans la vie, c'est de l'exploitation, sûrement pas de l'amour. L'utilisation réclame la possession, la possession engendre immanquablement la peur, et la peur éveille la jalousie, l'envie et le soupçon. Dès qu'il y a utilisation, il ne peut pas y avoir l'amour. L'amour n'est pas un objet du mental.

Penser à un être n'est pas aimer cet être. D'ailleurs, vous n'y pensez que lorsqu'il n'est pas là ou s'il est mort, ou s'il vous a quitté, ou bien s'il vous refuse ce que vous désirez – car alors votre manque affectif met en branle tout le processus mental. Mais quand il est à vos côtés vous n'y pensez plus. Penser à lui quand il est aussi proche risquerait de vous déranger, donc il est un fait acquis, il est là. L'habitude est un bon moyen d'oublier, d'avoir la paix, de ne pas être dérangé. Donc l'utilisation conduit directement à l'invulnérabilité. Et ce n'est pas l'amour.

Qu'est-ce qu'un état qui n'*utilise* pas – l'utilisation étant ce mécanisme mental du « plus » ou du « moins », qui sert à colmater notre manque affectif? Qu'est-ce qu'un état sans l'ombre d'une gratification?

Rechercher la satisfaction est dans la nature même du mental. Le sexe est une sensation créée et mise en images par l'esprit, lequel ensuite passe ou ne passe pas à l'acte. La sensation est une opération mentale, ce n'est pas l'amour. Quand l'esprit domine et que le tourbillon mental est important, il n'y a pas d'amour.

Toute cette démarche utilitaire – penser, imaginer, conserver, enfermer, rejeter – n'est que de la fumée. Quand la fumée s'évanouit, la flamme de l'amour est là. Parfois nous l'avons vraiment, cette flamme, riche, pleine et totale. Mais la fumée revient…

10. Célibat et chasteté

Ceux qui tentent le célibat pour trouver Dieu ne sont pas chastes. Car ils recherchent un résultat, un gain: à la place du sexe ils veulent un résultat. C'est de la peur. Leurs cœurs n'ont pas d'amour.

[…]

Lorsque l'esprit et le cœur ont déposé le fardeau de la peur, de la routine des habitudes sensuelles, lorsque fleurissent la générosité et la compassion, l'amour apparaît. Cet amour est chaste.

11. Pourquoi le sexe et le mariage sont-ils devenus de tels problèmes ?

Un auditeur. — *Est-ce possible d'aborder intelligemment l'exigence sexuelle, de cesser d'en faire un problème ?*

D'abord, que voulons-nous dire par « sexe » ? L'acte purement physique ou la pensée qui excite, stimule et prolonge cet acte ? Il est évident que le sexe relève du mental, et comme il relève du mental il veut forcément sa satisfaction, sinon c'est la frustration.

[...]

Pourquoi le sexe est-il devenu un tel problème dans nos existences ? Voyons cela sans aucune gêne, laissons de côté l'anxiété, la peur et la condamnation. Pourquoi est-ce devenu un problème ? C'est très certainement le cas pour la plupart d'entre vous. Pourquoi ? Vous ne vous êtes probablement jamais posé la question. Alors voyons cela.

Toute la question du sexe est que l'ego semble absent pendant l'acte sexuel. À cet instant vous êtes heureux car la conscience de vous-mêmes disparaît, il n'y a plus de « moi ». Alors vous en désirez plus, vous voulez retrouver cet abandon de l'ego qui procure le bonheur absolu, la fusion totale, l'intégration. Naturellement, l'acte sexuel prend une énorme importance. N'est-ce pas ainsi ? Puisque cette chose m'offre une joie sans mélange, un oubli total de moi-même, j'en redemande encore et encore.

Très bien, mais pourquoi est-ce que j'en redemande ? Parce que partout ailleurs je suis en conflit. Partout ailleurs, à tous les niveaux de l'existence, l'ego se renforce. Dans tous les domaines, économique, social et religieux, la conscience de soi ne cesse de prendre de l'épaisseur – d'où le conflit. D'ailleurs, vous n'êtes conscients de vous-mêmes que dans le conflit : la conscience de soi est, par nature, le résultat du conflit.

Bref, partout ailleurs nous sommes en conflit. Dans toutes nos relations, avec les possessions, les personnes et les idées, on ne voit que conflit, douleur, lutte et désolation. Le sexe est le seul acte dans lequel tout cela cesse complètement. Il est donc très naturel que vous en vouliez plus, puisqu'il vous donne du bonheur alors qu'en dehors de lui tout n'est que misère, bouleversement, conflit, confusion, antagonisme, inquiétude et destruction. L'acte sexuel prend forcément une signification et une importance capitales.

Par conséquent le problème n'est pas le sexe, bien sûr, mais comment se libérer de l'ego.

[...]

Mesdames et messieurs, l'ego n'est pas une entité objective que l'on puisse observer sous un microscope, étudier dans des livres, ou comprendre en citant des pensées, quelle que soit la profondeur des pensées en question. On ne peut comprendre l'ego que dans la relation. Car après tout c'est dans la relation que gît le conflit : dans votre relation à la propriété, aux idées, à votre femme, à votre voisin. Et sans régler ce conflit fondamental, se raccrocher au seul soulagement qu'offre le sexe c'est indubitablement manquer d'équilibre. Et c'est exactement ce que nous sommes, nous sommes déséquilibrés, car nous avons fait du sexe le boulevard de l'évasion. Et la société, ce que l'on appelle la culture moderne, nous donne un bon coup de main : voyez les publicités, les films, les émissions, les postures et les tenues suggestives…

La plupart d'entre vous se sont mariés très jeunes, quand la pulsion sexuelle était forte. Vous avez pris mari ou femme, et maintenant vous allez devoir vivre avec cette femme ou ce mari jusqu'à la fin de vos jours. Votre relation est purement physique et tout le reste est censé s'y ajuster. Alors que se passe-t-il ? Vous êtes peut-être intellectuel et elle, peut-être, très émotionnelle : comment communier avec elle ? Ou bien elle a l'esprit très pratique et vous êtes plutôt rêveur, vague et indifférent : où est le contact entre elle et vous quand vous l'utilisez ? Nos mariages sont fondés actuellement sur ce concept, sur ce besoin. Mais on voit de plus en plus au sein des couples de graves incompatibilités et des conflits, donc des divorces.

Le problème demande donc à être pris en main avec intelligence, et nous allons devoir remettre à plat toutes les bases de notre éducation. Nous allons devoir comprendre non seulement les réalités du vivant, mais aussi notre vie de chaque jour – non seulement connaître les besoins biologiques comme la pulsion sexuelle, mais aussi réfléchir au moyen de les traiter intelligemment.

12. Les émotions ne sont pas l'amour

La clémence et la pitié, le pardon et le respect ne sont pas des émotions. L'amour apparaît quand cessent les émotions, la sentimentalité et la dévotion. La dévotion n'est pas l'amour, c'est une dilatation de soi-même. Le respect n'est pas réservé à quelques-uns, le respect s'adresse à l'homme, qu'il soit humble ou haut placé. Quant à la générosité et à la clémence, elles n'attendent pas de récompense.

Seul l'amour est capable de transmuter la folie, la confusion et le conflit. Aucun système, aucune théorie de gauche ou de droite ne peut apporter à l'homme la paix et le bonheur. Dans l'amour, il n'y a ni possessivité ni envie, il n'y a que clémence et compassion : non en théorie mais dans les faits, avec votre femme, avec vos enfants, avec votre voisin.

[...]

L'amour est là avec sa grâce quand « *vous* » cessez d'être.

13. L'amour peut-il être figé, statique ?

Chaque expérience de plaisir nous incite à en exiger plus et ce « plus » est la pulsion qui vise à sécuriser nos plaisirs. Dès que nous aimons quelqu'un, nous voulons être tout à fait certains d'être payés de retour, et nous cherchons à établir une relation qui sera, nous l'espérons, permanente. Toute notre société repose sur ce type de relation. Mais existe-t-il quelque chose de permanent, vraiment ? L'amour est-il permanent ?

Ce que veut notre désir obstiné, c'est rendre permanente la *sensation*, n'est-ce pas? Alors, nous passons à côté de ce que l'on ne peut rendre permanent, l'amour.

14. Parlons du mariage. Là où vous êtes important, l'amour est absent

Nous essayons de comprendre la question du mariage, qui inclut la relation sexuelle, l'amour, le compagnonnage et la communion. Sans amour, le mariage est une indignité, n'est-ce pas? Il n'est plus que recherche de satisfaction.

Aimer est une des choses les plus difficiles, n'est-ce pas? L'amour n'apparaît, l'amour n'existe que si l'ego n'est pas. Or sans amour, toute relation est pénible : aussi satisfaisante ou superficielle qu'elle soit, elle aboutit toujours à l'ennui, à la routine, à l'habitude et à toutes ses conséquences. Alors les questions sexuelles prennent toute la place.

Avant de réfléchir au mariage et de décider s'il est nécessaire ou non, il faut d'abord comprendre l'amour. L'amour ne peut être que chaste. Et sans amour vous ne pouvez pas être chaste. Le célibat n'est pas chaste, n'est pas pur s'il n'y a pas d'amour. Votre idéal de chasteté, votre volonté de devenir chaste, ce n'est pas de l'amour non plus, ce n'est que le désir de devenir ce que vous jugez noble, ce qui vous aidera, selon vous, à découvrir la réalité. Il n'y a pas d'amour du tout là-dedans.

La liberté des mœurs n'est évidemment pas chaste, elle est dégradante et ne mène qu'au malheur, mais la poursuite d'un idéal n'est pas chaste non plus. Toutes deux excluent l'amour : dans l'une vous vous adonnez à quelque chose, dans l'autre vous devenez quelque chose. Des deux côtés vous devenez important – et quand vous êtes important, l'amour est absent.

15. Il n'y a pas d'amour dans l'habitude

Une relation conjugale ne prend tout son sens que pour les très rares personnes qui s'aiment, et en ce cas le mariage est indestructible : il n'est ni une habitude ni une commodité, il n'est pas fondé sur le besoin biologique, le besoin sexuel. Dans cet amour inconditionnel, les deux identités ont fusionné. Et une telle relation renferme une guérison, elle porte un espoir.

Mais pour la plupart d'entre vous, la relation conjugale n'est pas fusionnelle. Pour que deux entités séparées fusionnent, vous devez vous connaître, et elle doit se connaître – c'est cela aimer. Mais il n'y a pas d'amour, c'est un fait irréfutable.

L'amour est tout frais, tout neuf, il n'est pas l'habitude ni la gratification. Et il est inconditionnel. Or ce n'est pas ainsi que vous traitez votre femme ou votre mari, n'est-ce pas ? Vous vivez dans votre bulle, elle vit dans sa bulle, tous deux bien installés dans vos habitudes de plaisir sexuel garanti. Or qu'arrive-t-il à l'homme dont le revenu est assuré ? Il se détériore, c'est fatal. Ne l'avez-vous pas remarqué ? Observez bien l'homme qui a un revenu assuré, et vous verrez à quelle vitesse son esprit décline : il peut avoir une belle situation et une réputation d'intelligence, mais toute la joie de l'existence l'a quitté.

Et c'est ce qui vous arrive : vous êtes mariés, votre mariage est une source stable de plaisir, une habitude sans compréhension et sans amour, et vous êtes bien forcés de vivre ainsi. Je ne suis pas en train de vous dire ce que vous devriez faire – regardez d'abord le problème. Pensez-vous que ce soit juste ? Il n'est pas question de vous débarrasser de votre épouse et d'en chercher une autre, mais quel est le sens de cette relation ? Aimer, c'est évidemment être en communion avec quelqu'un, et communiez-vous avec votre femme, à part physiquement ? La connaissez-vous, autrement que physiquement ? Et elle, vous connaît-elle ? N'êtes-vous pas tous deux isolés, chacun poursuivant son intérêt, son ambition et ses besoins, chacun cherchant dans l'autre une gratification et une sécurité économique ou psychologique ? Ce genre de relation n'est pas une relation du tout, c'est un processus d'enfermement à deux par besoin psychologique, biologique et économique. Et le résultat est patent : c'est le conflit, le chagrin, les réflexions déplaisantes, l'anxiété possessive, la jalousie et tout ce qui s'ensuit.

Donc le mariage-habitude, créé pour entretenir une habitude de plaisir, est un facteur de détérioration. Car il n'y a pas d'amour dans l'habitude, l'amour n'est pas habituel. L'amour est quelque chose de joyeux, de créatif, de neuf.

6

La passion

1. Sans passion, l'existence est vide

Généralement, vous ne parlez de passion que pour une seule chose, le sexe. Ou vous souffrez mort et passion, et vous cherchez à dissoudre cette souffrance.

Alors que pour moi, la passion est un état d'esprit, un état d'être, un état du cœur de votre être si l'on peut l'exprimer ainsi, qui ressent puissamment, qui est infiniment sensible : sensible à la saleté, à la misère, à la pauvreté, aux richesses colossales et à la corruption ; sensible à la beauté d'un arbre, d'un oiseau, au ruissellement de l'eau et au reflet du couchant sur la surface d'un étang. Il est nécessaire de ressentir tout cela intensément et puissamment. Car sans passion la vie est vide, superficielle, elle n'a pas grand sens. Si vous n'êtes pas capable de voir la beauté d'un arbre et d'aimer cet arbre, de vous sentir profondément responsable de cet arbre, vous n'êtes pas vivant.

2. Comment peut-on aimer sans être passionné ?

On ne peut pas être sensible sans être passionné. N'ayez pas peur de ce mot. Presque tous les textes religieux et la plupart des gourous, swamis, maîtres et consorts enjoignent de s'abstenir de la passion. Mais, sans passion, comment être sensible à la laideur, à la beauté, au bruissement du feuillage, à un coucher de soleil, à un sourire, à des pleurs ? Comment être sensible sans ressentir cette passion qui porte en elle un sentiment d'abandon ? Mesdames et messieurs, je vous en prie, ne me demandez pas comment acquérir cette passion, écoutez-moi. Je sais, vous êtes tous suffisamment passionnés quand il s'agit d'obtenir un bon emploi ou de haïr un pauvre diable, ou encore d'être jaloux. Mais je parle de tout autre chose, je parle d'une passion qui aime.

L'amour est un état sans « moi », l'amour est un état qui ne blâme pas, qui ne dit pas que le sexe est bien ou mal, que ceci est bon et cela mauvais. L'amour n'est rien de toutes ces choses contradictoires. La contradiction n'existe pas dans l'amour.

Comment aimer sans passion ? Sans passion, comment être sensible ? Être sensible, c'est sentir la présence du voisin assis à vos côtés, c'est voir la laideur de la ville et son côté sordide, sa saleté, sa pauvreté, voir la beauté de la rivière, de la mer et du ciel. Si vous n'êtes pas passionnés, comment serez-vous sensibles à tout cela, comment ressentirez-vous un sourire, une larme ? Je vous le dis, l'amour est passion.

3. La passion est dangereuse

Seul est vraiment passionné l'esprit qui apprend. Ici, le mot « passion » n'a pas le sens de plaisir incandescent : je parle d'un état d'esprit qui, parce qu'il ne cesse d'apprendre, est éveillé en permanence, impatient de connaître, mobile, plein de vitalité, de vigueur et de jeunesse – un esprit passionné.

Rares sont les passionnés. Nous connaissons les plaisirs sensuels, le désir et la jouissance, mais cette passion ? Pour la plupart nous ne l'avons pas. Or sans passion, dans son sens le plus large, comment apprendre, comment découvrir du nouveau, comment mener l'enquête – et comment pourrez-vous soutenir l'allure de l'investigation ?

Un esprit vraiment passionné est toujours en danger. Il se peut que nous ayons vaguement conscience de cet esprit passionné qui apprend et de ce fait agit. Peut-être sommes-nous passés à côté sans le savoir. Nous ne sommes jamais passionnés, probablement parce que nous sommes respectables : nous nous conformons, nous acceptons, nous obéissons aux mots « respectabilité », « devoir », ces mots que l'on emploie pour étouffer l'élan d'apprendre.

4. Apprenez sans cesse, ne restez pas dans l'ornière

Apprendre est une discipline, nous l'avons dit, mais une discipline sans conformisme d'aucune sorte et par conséquent sans répression : l'apprentissage de vos sentiments, de votre colère, de vos appétits sexuels et autres, ne laisse de place ni au refoulement ni à la complaisance.

Or c'est une des choses les plus difficiles au monde. Car toute notre tradition, le passé tout entier, la mémoire, les habitudes ont casé l'esprit dans une certaine ornière – l'ornière nous est facile à suivre et nous ne voulons à aucun prix en être délogés. La discipline n'est donc, pour la plupart d'entre nous, que conformisme, inhibition et imitation, conduisant à une vie très respectable – si c'est encore une vie : un homme engoncé dans un costume de respectabilité, d'inhibition, d'imitation et de conformisme ne vit pas du tout. Tout ce qu'il a gagné, tout ce qu'il a appris, c'est à entrer dans le moule. Et la discipline qu'il a pratiquée l'a détruit.

7

La vérité, Dieu, la mort

1. Qu'est-ce que la mort pour nous ?

La mort nous attend tous, que cela nous plaise ou non. Peu importe que vous soyez haut fonctionnaire du gouvernement, avec titre, fortune, poste important et tapis rouge, votre fin viendra et elle est inéluctable. Qu'est-ce que la mort ? Pour nous, la mort est ce qui met fin à une continuité, n'est-ce pas ? Il y a la mort physique, qui nous cause quelque anxiété, mais peu importe si nous pouvons la vaincre en continuant sous une autre forme. Finalement, dans cette interrogation sur la mort, ce qui nous préoccupe est de savoir si oui ou non la continuité existe.

Alors, qu'est-ce qui continue ? Pas votre corps, évidemment, nous voyons tous les jours des enterrements ou des crémations.

2. Qu'est-ce qui continue?

Donc nous parlons bien, n'est-ce pas, d'une continuité suprasensorielle, d'une continuité psychique, d'une continuité de pensée, d'une continuité de caractère, de ce que l'on appelle l'âme ou ce que vous voudrez. En fait, nous voulons savoir si *la pensée* continue.

Voyons cela. J'ai médité, j'ai pratiqué des tas de choses, je n'ai pas fini d'écrire mon livre, je n'ai pas atteint le sommet de ma carrière, je suis affaibli et j'ai besoin de temps pour reprendre des forces, je veux poursuivre mes plaisirs, etc. La mort va mettre un terme à tout cela et j'ai peur. Donc la mort est une forme de frustration, n'est-ce pas? Je suis en train de faire quelque chose et je ne veux pas l'arrêter – pour me réaliser, j'ai besoin de continuité.

Mais se réalise-t-on dans la continuité? Il est vrai que la continuité permet de faire aboutir certaines choses: j'écris un livre, je ne veux pas mourir avant de l'avoir fini; il me faut du temps pour me forger un caractère, etc.

3. Continuer malgré la mort

C'est donc bien le désir d'accomplissement qui nous fait craindre la mort, car pour se réaliser il faut du temps, il faut une continuité, une longévité. Mais quand on trouve sa complétude d'instant en instant, on n'a pas peur de la mort.

Donc notre souci est de garder une continuité *en dépit de* la mort, c'est bien cela ? Et vous attendez de moi que je vous la garantisse. Si je n'en fais rien, vous irez la demander à quelqu'un d'autre, à l'un de vos gourous, ou vous la chercherez dans un de vos livres ou dans d'autres types d'évasion ou de distraction.

Maintenant, vous qui m'écoutez et moi qui vous parle, nous allons découvrir ensemble ce que nous entendons réellement par continuité : qu'est-ce qui continue ? Et qu'est-ce que nous voulons voir continuer ?

Ce qui continue n'est manifestement qu'un souhait, un désir, n'est-ce pas ? Je n'ai aucun pouvoir et je veux en avoir ; je n'ai pas encore construit ma maison, j'aimerais la construire ; je n'ai pas encore ce titre mais je voudrais l'obtenir ; je n'ai pas amassé assez d'argent mais je vais m'y mettre tout de suite ; je voudrais trouver Dieu dans cette vie, etc. La continuité est la démarche du vouloir. Et ce qui met fin à cela, vous l'appelez la mort, n'est-ce pas ? Vous voulez la continuité du désir, car il est l'outil de la réussite, la dynamique de votre accomplissement. Tout ceci est vraiment très simple, non ?

4. La pensée continue

Bien sûr, malgré votre mort physique, la pensée perdure – la chose a été prouvée. La pensée *est une continuité* car, tout bien pesé, qu'êtes-vous ? Vous n'êtes qu'une pensée, n'est-ce pas ? Vous êtes la pensée d'un nom, la pensée d'une situation, la pensée de l'argent – vous n'êtes qu'une idée. Effacez l'idée, effacez la pensée, où êtes-vous ? Vous êtes une incarnation de la pensée sous forme de « moi ».

Et vous dites : « Il faut que la pensée continue, car la pensée va me permettre de m'accomplir, la pensée va finalement découvrir le réel » – c'est bien cela ? Vous voulez que la pensée continue parce que vous croyez que c'est elle qui va découvrir la réalité, ce que vous appelez le bonheur, Dieu ou ce que vous voudrez. Mais est-ce qu'une continuité de pensée peut découvrir le réel ? En d'autres termes, un processus mental peut-il découvrir le réel ? Vous comprenez ce que je veux dire ? Je veux le bonheur et je le recherche par tous les moyens : propriété, situation, richesse, femmes, hommes, peu importe. Donc, tout cela, c'est de la pensée en manque de bonheur, n'est-ce pas ? Or la pensée a-t-elle la capacité de trouver le bonheur ?

5. Dans le renouveau il n'y a pas de mort

Alors, voilà la question : trouve-t-on un renouveau, une régénération, une fraîcheur, quelque chose de neuf dans la continuité du processus mental ? Car après tout, si renouveau il y a, nous n'avons pas peur de la mort. Si chaque instant de votre vie est un renouveau, la mort n'existe pas. Mais si vous exigez une continuité de votre processus mental la mort est là et aussi la peur de la mort.

6. Le renouveau par la fin du processus mental

Notre seul espoir est de voir cette vérité : dans la continuité de la pensée il n'y aura jamais rien de neuf. Que se passe-t-il quand je le vois ? Je ne m'intéresse plus qu'à mettre fin à chaque instant au processus mental. Cela, ce n'est pas de la névrose !

7. L'amour est sa propre éternité

Là où est l'amour, la mort n'existe pas. La mort est là dès que le processus mental se met en route. Là où est l'amour, la mort n'existe pas car il n'y a pas de peur.

Et l'amour n'est pas un état continu – l'état continu, c'est le processus mental. L'amour c'est être, simplement, d'instant en instant. Par conséquent, l'amour est sa propre éternité.

8. La mort et l'immortalité

Dans la mort, nous recherchons l'immortalité ; dans ce mouvement qui va de la naissance à la mort, nous rêvons de permanence ; pris dans le flot du temps nous avons soif d'intemporel ; vivant dans les ténèbres, nous croyons à la lumière.

La mort ne conduit pas à l'immortalité. On ne trouve l'immortalité que dans une vie qui ne connaît pas la mort. Nous connaissons la mort pendant notre existence parce que nous nous cramponnons à l'existence, nous accumulons, nous devenons – alors, parce que nous accumulons, la mort intervient. Donc nous connaissons la mort, et nous nous raccrochons à la vie.

Mettre tout son espoir et sa foi en l'immortalité n'est pas faire l'expérience de l'immortalité. Pour que l'immortel soit, la foi et l'espoir doivent cesser : vous, le croyant, vous, l'artisan du désir, vous devez *finir* pour que l'immortel soit. Votre foi et votre espoir ne font que renforcer l'ego.

9. Le présent est l'éternel

Ne comprenant pas la vie, le présent, nous regardons vers le futur, vers la mort.

[...]

Le présent est l'éternel. On n'éprouve pas l'intemporel en passant par le temps. Le maintenant existe à jamais. Même si vous vous évadez dans le futur, le maintenant est toujours présent.

10. Y a-t-il une joie durable ?

Est-il possible de découvrir une joie durable ? Oui, mais pour l'éprouver il faut la liberté. Sans liberté, la vérité ne se dévoile pas, sans liberté l'expérience du réel est impossible. C'est donc la liberté qu'il faut rechercher : il faut se débarrasser des sauveurs, des maîtres et des leaders ; quitter les positions de repli du bien et du mal ; s'affranchir de l'autorité et de l'imitation ; se libérer de l'ego, l'agent du conflit et de la souffrance.

[…]

Dans la béatitude du réel, l'expérience et celui qui fait l'expérience ne sont plus. Un esprit/cœur ployant sous le poids de la mémoire d'hier est incapable de vivre dans l'éternel présent. L'esprit/cœur doit mourir chaque jour pour être éternellement.

[…]

Mourez à votre expérience, mourez à votre mémoire. Mourez à vos préjugés, agréables ou déplaisants. Dès que l'on meurt apparaît l'incorruptible, qui n'est pas un état de néant, c'est l'état d'être en création. Ce renouveau, si on le laisse agir, va dissoudre nos problèmes les plus complexes, nos souffrances les plus profondes. Il n'y a de vie que dans la mort de l'ego.

11. La peur de la mort est la peur de lâcher notre connu

L'ego n'est qu'un baluchon de souvenirs et rien de plus. Il n'y a pas d'entité spirituelle appelée « moi », pas plus qu'en dehors du « moi ». Cette entité spirituelle que vous déclarez distincte du « moi » est encore un produit de la pensée, donc elle fait partie de la sphère mentale, et le mental c'est la mémoire. Par conséquent le « vous », le « moi », l'ego – supérieur ou inférieur, à la hauteur que vous voudrez –, c'est de la mémoire.

[…]

La mort, pour nous, qu'est-ce que c'est ? Tout objet d'usage quotidien a une fin, toute machine qui fonctionne sans arrêt s'use et il en est de même pour le corps : utilisé constamment il finit par périr de maladie, d'accident ou de vieillesse. C'est inévitable. Il peut durer dix ou cent ans mais, comme tout ce que l'on utilise, il est condamné à s'user. Cela, nous le reconnaissons et nous l'acceptons, car nous le constatons tous les jours.

12. Le connu

Vous n'avez jamais de relation directe avec l'inconnu, voilà pourquoi vous avez peur de la mort.

Que connaissez-vous de la vie ? Vraiment très peu. Vous ne connaissez pas votre rapport à la propriété, votre relation à votre voisin, à votre femme, à vos idées. Vous n'en connaissez que les aspects superficiels. Et ce sont ces aspects superficiels que vous voulez voir continuer ? Par pitié, quelle vie de misère ! La continuité n'est-elle pas stupide ?

13. La mort et la vie ne font qu'un

Seul un être stupide veut sa continuité. Aucun homme ayant compris et ressenti la richesse de la vie ne voudrait de la continuité. Quand vous comprendrez la vie, vous découvrirez l'inconnu, car la vie c'est l'inconnu.

Et la mort et la vie ne font qu'un. Il n'existe aucune division entre la vie et la mort : ceux qui créent cette division sont des sots et des ignorants, qui ne s'intéressent qu'à leur corps et à leur dérisoire continuité. Ces gens se servent de la théorie de la réincarnation pour dissimuler leur peur, pour garantir leur petite continuité imbécile. La pensée perdure, c'est une évidence, mais comment l'homme en quête de vérité s'intéresserait-il à la pensée ? La pensée ne conduit pas à la vérité. La théorie d'un « moi » continu se dirigeant vers la vérité au fil de ses réincarnations est une idée fausse, ce n'est pas vrai. Le « moi » est un baluchon de souvenirs, c'est le temps. Une simple continuité de temps ne vous mène pas à l'éternel, l'éternel est hors du temps.

La peur de la mort ne cesse que lorsque l'inconnu pénètre votre cœur. La vie est l'inconnu, comme la mort est l'inconnu, comme la vérité est l'inconnu.

14. Pouvons-nous lâcher l'ego ?

La vie, c'est l'inconnu. Mais on s'attache à une toute petite expression de cette vie, on ne s'attache qu'à la mémoire, c'est-à-dire à de la pensée incomplète. Autrement dit, on s'attache à de l'irréel, à une chose non fondée. L'esprit se raccroche à cette inanité que l'on appelle la mémoire et la mémoire c'est le mental, c'est l'ego – quel que soit le niveau où il vous plaît de le placer. L'esprit ne quitte pas le champ du connu, il ne peut en aucun cas inviter l'inconnu. C'est seulement dans l'inconnu, dans un état d'incertitude totale, que cesse la peur et que la réalité peut être perçue.

15. Qu'est-ce que Dieu ?

Comment allez-vous le découvrir ? Êtes-vous prêts à accepter l'information fournie par quelqu'un d'autre ? Ou allez-vous découvrir vous-mêmes ce qu'est Dieu ?

8

La méditation est l'attention

1. Méditer, c'est faire attention

Pour ne jamais rechercher aucune forme de sécurité, aucune forme de récompense, il faut beaucoup interroger, surveiller sans relâche la façon dont l'esprit opère – et c'est bien cela la méditation, n'est-ce pas ? Méditer n'est pas pratiquer une méthode ou répéter certains mots, tout cela est bête et immature. Sans pénétrer la totalité du processus mental, conscient et inconscient, toute méditation n'est en réalité qu'une entrave, une échappatoire, une activité puérile. C'est une forme d'autohypnose.

Voici ce qu'est la méditation : c'est percevoir tout le mécanisme du penser, l'explorer attentivement, pas à pas, en toute conscience, et découvrir soi-même les procédés de l'ego. L'esprit doit se connaître pour être libre de découvrir ce qu'est la vérité, ce qu'est Dieu, ce qu'est la mort – ce qu'est cette chose que nous appelons vivre.

2. La méditation n'est pas séparée de la vie quotidienne

Pourquoi est-on paresseux ? Vous ne vous alimentez pas correctement, peut-être. Ou vous avez trop travaillé, trop marché, trop parlé – vous en avez trop fait et il est normal que le matin, au lever, le corps soit paresseux. Vous n'avez pas vécu intelligemment votre journée d'hier, le lendemain l'organisme est fatigué. Or il n'est pas bon de cravacher le corps.

Mais être simplement attentif, quand vous parlez, quand vous êtes au travail, complètement attentif ne serait-ce que cinq minutes, c'est suffisant. Soyez attentif quand vous mangez, ne mangez pas trop vite, ne vous bourrez pas de toutes sortes d'aliments. Vous verrez que votre corps devient de lui-même intelligent. Inutile de le forcer à être intelligent, il le devient tout seul – cette intelligence lui dira s'il doit se lever ou ne pas se lever le matin. Alors vous commencez à découvrir que l'on peut aller toute sa vie au bureau, ou faire ce que l'on a à faire, sans lutter en permanence contre soi-même : l'énergie que l'on y employait n'est plus gaspillée, donc on l'utilise pleinement, tout le temps. C'est cela, la méditation.

3. *Être attentif au mouvement de la relation, c'est le début de la méditation*

Vous comprenez ? La méditation n'est pas ce que l'on pratique partout dans le monde : répéter des mots, s'asseoir dans une certaine posture, respirer d'une certaine façon, répéter *ad vitam aeternam* un verset ou un mantra. C'est normal que cela abrutisse l'esprit et le rende insensible. Et quand il est bien hébété, bien engourdi, il se tait et vous croyez avoir le silence. Ce genre de méditation n'est que de l'autohypnose, ce n'est pas du tout la méditation – c'est même la façon de méditer la plus destructrice qui soit.

Mais il existe une méditation qui requiert que vous soyez attentifs : attentifs à ce que vous êtes en train de dire à votre femme, à votre mari, à vos enfants, attentifs à la façon dont vous vous adressez à vos domestiques si vous en avez ou à votre patron – attentifs à ce moment précis.

Ne cherchez pas à vous concentrer, la concentration est quelque chose de très laid. Tout écolier est capable de se concentrer, il y est bien obligé. Si vous pensez qu'en vous forçant à vous concentrer vous allez trouver un peu de paix, vous vous trompez – l'esprit ne sera pas pacifié, il sera partagé[1], la paix ce n'est pas cela. La concentration est une exclusion : pour vous concentrer sur quoi que ce soit, vous devez exclure, résister, écarter tout ce dont vous ne voulez

1. En anglais, jeu de mots entre deux termes homophones : *peace of mind*, « paix de l'esprit » et *piece of mind*, « façon de penser, avis, opinion » (*N.d.T.*).

pas. Tandis que si vous êtes attentifs vous pouvez regarder chaque pensée, chaque mouvement, il n'est plus question de distraction. Là, vous pouvez méditer.

4. La méditation c'est la clarté

Cette méditation est une chose merveilleuse, elle apporte la clarté – la méditation *est* la clarté. Cette méditation est silence et ce silence à lui seul discipline toute l'existence, vous n'avez pas à vous discipliner pour parvenir au silence. Si vous êtes attentifs à chaque mot, à chaque geste, à tout ce que vous dites, à tout ce que vous ressentez, à tout ce qui vous motive, sans rien corriger, un silence en émerge et de ce silence naît une discipline. Cela ne demande aucun effort, c'est un mouvement, un mouvement totalement étranger au temps. L'être humain qui est ainsi est un être joyeux, il ne crée pas d'inimitié, il n'apporte pas le malheur.

5. Pour méditer, soyez votre propre loi

La vérité, personne ne peut vous la donner, vous devez la découvrir seuls. Pour la découvrir seuls, vous devez être votre propre loi, votre propre guide, ne pas vous laisser guider par l'homme politique qui va sauver le monde, par le communiste, le leader, le prêtre ou le *sannyasi* – ni par vos livres. C'est à vous de vivre, vous devez être votre propre loi. Donc il n'y a plus d'autorité. Cela veut dire que vous devez tenir debout tout seuls, pas dans le monde extérieur mais seuls en vous-mêmes, sans peur. Car lorsque l'esprit a compris la nature de la peur, la nature de la mort, et cette chose extraordinaire que l'on appelle l'amour, il a vraiment compris : ce n'est pas formulé, ce n'est pas raisonné, c'est réellement vécu. De cette compréhension émerge un esprit actif et pourtant absolument immobile.

Toute cette démarche de comprendre la vie et de déserter tous les champs de bataille – pas demain, tout de suite, par l'attention totale que l'on y porte – c'est la méditation. S'asseoir dans un coin en se tenant le nez, répéter des mots idiots et se laisser envoûter, ce n'est pas du tout la méditation, c'est de l'autohypnose. Mais comprendre la vie, être délivré de la souffrance, affranchi de la peur et de la mort – véritablement, sans paroles et sans théories – fait naître un esprit complètement immobile. Cela, c'est la méditation.

6. La méditation est la connaissance de soi

La méditation, c'est se connaître soi-même. Sans connaissance de soi il n'y a pas de méditation. Si vous n'êtes pas conscients en permanence de toutes vos réactions, si vous n'êtes pas pleinement conscients, pleinement avertis de vos activités quotidiennes, vous enfermer dans une chambre et vous asseoir devant le portrait de votre gourou ou de votre maître pour méditer est une échappatoire. Car sans connaissance de soi on ne peut pas penser juste, et si vous ne pensez pas juste, ce que vous faites n'a aucun sens, quelle que soit la noblesse de vos intentions. Prier ne veut rien dire sans la connaissance de soi. Mais quand on se connaît, on pense juste, donc l'action est juste.

7. La méditation, c'est vider l'esprit du passé

La méditation, c'est vider l'esprit du passé. Vider l'esprit du passé n'est pas un concept, ce n'est pas une méthode à pratiquer quotidiennement, car celui qui vide le passé est lui-même l'enfant du passé. Mais comprendre toute cette structure de l'esprit, qui résulte du passé, et vider l'esprit du passé exige une prise de conscience approfondie. Vous devez prendre conscience de votre conditionnement, de votre façon de parler, de vos gestes, de l'insensibilité, de la brutalité, de la violence – en prendre conscience simplement, sans condamner. Alors émerge de cette attention un état d'esprit complètement silencieux.

Mais pour pénétrer ce repos de l'esprit, ce silence, vous devez comprendre la souffrance. Car nous vivons presque tous dans la souffrance, que nous en soyons conscients ou non. Nous n'avons jamais mis fin à la souffrance. Elle nous suit comme notre ombre, elle nous accompagne nuit et jour.

8. L'esprit immobile renferme une béatitude

La souffrance contient une bonne dose d'apitoiement sur soi, d'inquiétude face à sa solitude, à son néant. Quand on réalise ce néant, cet isolement, on s'apitoie sur soi-même et nous appelons cela souffrir. Or un esprit qui souffre, consciemment ou non, n'a aucun repos, il n'est jamais immobile. L'immobilité de l'esprit naît dans la beauté et l'amour – vous ne pouvez pas séparer la beauté de l'amour.

La beauté n'est pas un ornement, la beauté n'est pas le bon goût, elle ne réside pas dans le profil des collines ou dans l'architecture : la beauté est là quand vous connaissez l'amour. Et vous ne pouvez connaître l'amour sans l'intelligence, l'austérité et l'ordre.

Et cela, personne ne peut vous l'offrir, aucun saint, aucun Dieu, aucun mahatma – personne ! Aucune autorité au monde ne va vous l'offrir. C'est à vous, l'être humain, de comprendre tout cet édifice : la structure et la nature de votre vie quotidienne, ce que vous faites, ce que vous pensez, ce qui vous motive ; comment vous vous comportez ; comment vous vous enfermez dans vos propres conclusions, dans vos propres conditionnements. Il faut commencer là, par la vie quotidienne. Et si vous n'êtes pas capable de changer cela totalement, complètement, d'opérer en vous-mêmes une mutation totale, vous ne connaîtrez jamais cet esprit immobile.

Or seul l'esprit immobile peut découvrir, seul l'esprit immobile connaît la vérité. Car dans son immobilité cet esprit n'a aucune imagination, il ne projette pas ses désirs – c'est un esprit immobile. Alors seulement naît la béatitude de quelque chose qu'on ne peut mettre en mots.

9. Quand vous mangez, mangez

Un auditeur. — *Ma vie quotidienne est dépourvue d'intérêt, je sens que je devrais faire autre chose.*

Quand vous mangez, mangez. Quand vous allez vous promener, promenez-vous, ne vous dites pas que vous devriez faire autre chose. Quand vous lisez, lisez avec toute votre attention, que ce soit un roman policier, un magazine, la Bible, ce que vous voudrez. L'attention totale est une action totale, par conséquent « faire autre chose » ne se conçoit même pas.

Finalement peu importe ce que nous faisons, l'important est de voir si nous sommes capables de donner une attention totale.

10. Dans l'immobilité, les problèmes se dissolvent. la coupe n'est utile que vide

— *Vous préconisez de liquider l'environnement en nous-mêmes. Pourquoi préconisez-vous cela ? À quoi cela va-t-il servir ?*

Je ne préconise rien du tout. Mais voyez-vous, la coupe n'est utile que si elle est vide. Et la plupart d'entre nous ont l'esprit obscurci, encombré de tellement de choses – les expériences plaisantes et déplaisantes, le savoir, les modèles d'action, les recettes de comportement, etc. Leur esprit n'est jamais vide. Or la création ne peut avoir lieu que dans un esprit totalement vide.

[...]

Je ne sais si vous avez remarqué ce qui se passe quand vous avez un problème, un problème de maths ou psychologique. Vous y pensez tout le temps, vous le remâchez sans arrêt comme un chien ronge son os, sans trouver de réponse. Alors, vous le laissez de côté, vous passez à autre chose, vous allez vous promener. Et soudain, de cette inoccupation, surgit la réponse. Que s'est-il passé ?

Votre esprit, dans le cadre de ses limites, s'est énormément activé sur ce problème ; mais vous n'avez pas trouvé de réponse et avez remis la chose à plus tard. Votre esprit donc se trouve relativement au repos, relativement immobile, vacant. Et dans cette immobilité, dans ce vide, le problème trouve sa solution.

De la même façon, quand on meurt à chaque minute à tout notre monde intérieur, aux obligations intérieures, aux souvenirs intimes, aux secrets et aux angoisses cachées, il se crée un vide. Seul ce vide permet l'apparition d'une chose nouvelle.

11. L'esprit immobile

Un esprit tout à fait immobile – ce n'est pas l'esprit discipliné – a compris et par conséquent il est libre. Et seul cet esprit immobile peut savoir ce qu'est... la création. « Dieu » est un mot vraiment trop galvaudé.

[...]

Mais pour découvrir cette chose hors du temps, il vous faut un esprit tout à fait immobile. Cet esprit immobile n'est pas mort, il est au contraire formidablement actif. Tout ce qui œuvre à très haute vitesse est en état de repos. C'est l'esprit borné qui s'agite, qui s'angoisse, qui s'effraie – cet esprit-là est incapable de rester immobile.

Seul l'esprit immobile est un esprit religieux. Et seul l'esprit religieux est capable de découvrir ou plutôt d'être en état de création. Lui seul peut apporter la paix au monde.

Et de cette paix vous êtes responsables. Chacun de nous en est responsable, pas le politicien, ni le soldat, ni l'avocat, ni l'homme d'affaires, pas plus que le communiste ou le socialiste – personne. Vous êtes responsables de votre façon de vivre, de votre existence de tous les jours. Vous voulez la paix dans le monde ? Vivez en paix : jamais de haine envers l'autre, pas d'envie, pas de soif de pouvoir, pas de course à la compétition. Car quand on est libéré de tout cela, l'amour vous appartient. Et seul un esprit capable d'aimer saura ce qu'est vivre en paix.

Sources

Les citations de Jiddu Krishnamurti composant ce livre sont extraites des ouvrages suivants :

Traductions en français

Commentaries on Living. Series 1, 2 and 3
© Krishnamurti Foundation of America, 1956

Commentaires sur la vie
Livre 1
© Buchet-Chastel, 1957
Livres 2 et 3
© Buchet-Chastel, 1973

Education and the Significance of Life
© Krishnamurti Foundation of America, 1953

De l'éducation
© Delachaux et Niestlé, 1957
© Presses du Châtelet, 2011

The First and Last Freedom
© Krishnamurti Foundation of America, 1954

La Première et Dernière Liberté
© Stock, 1954

Life Ahead
© Krishnamurti Foundation of America, 1963

Face à la vie
© Adyar, 1964

Think on These Things
© Krishnamurti Foundation of America, 1964

Le Sens du bonheur
© Stock, 2006

En anglais

The Collected Works of J. Krishnamurti, 1933-1967
Première publication : Kendall-Hunt, 1991-1992
© Krishnamurti Foundation of America, 1991-1992

Meeting Life
© Krishnamurti Foundation Trust Ltd, 1991

ÉCOLES KRISHNAMURTI

ROYAUME-UNI
Brockwood Park School
Bramdean, Hampshire, S024 OLQ
www.brockwood.org.uk

ÉTATS-UNIS
Oak Grove School
220 West Lomita Avenue
Ojal, CA 93023
www.oakgroveschool.org

INDE
Rishi Valley Education Centre
Rishi Valley Post
Chittoor District, 517 352, A.P.
www.rishivalley.org

Rajghat Education Centre
Rajghat Besant School
Fort Varanasi 221001, U.P.
www.rajghatbesantschool.org

The Valley School
Thatguni Post
Kanakapura Road
Bangalore 560 082
www.thevalleyschool.info

The School KFI
S.No. 82/3A2 & 82/5A2B
Solai Street, Thazhambur
Chennai – 600 130
www.theschoolkfi.org

Sahyadri School
Post Tiwai Hill, Taluk Rajgurunagar Dist.
Pune, Maharashtra, 410 513, India
www.sahyadrischool.org

Pathashaala KFI
Elumichampattu
Tamil Nadu 603405
pcfl-kfi.org/pathashaala

Fondations Krishnamurti

ROYAUME-UNI
Krishnamurti Foundation Trust, Ltd.
Brockwood Park
Bramdean, Hampshire SO24 OLQ
www.kfoundation.org

ÉTATS-UNIS
Krishnamurti Foundation of America
PO Box 1560
Ojai CA 93024
www.kfa.org

INDE
Krishnamurti Foundation India
Vasanta Vihar
125 Greenways Road
RA Puram, Chennai – 600 028
www.kfionline.org

AMÉRIQUE LATINE
Fundación Krishnamurti Latinoamericana
Turó de la Penya, 30
08440 Cardedeu – Barcelone – Espagne
www.fkla.org

Cet ouvrage a été composé
par Atlant'Communication
au Bernard (Vendée)

Impression réalisée par

PRÉSENCE GRAPHIQUE
à Monts (37260)

en mai 2021
pour le compte des Presses du Châtelet

IMPRIM'VERT
Votre imprimeur agit pour l'environnement

Certifié PEFC
Ce produit est issu de forêts gérées durablement et de sources contrôlées.
PEFC™
10-31-2677
pefc-france.org

Imprimé en France
N° d'impression : 052169077
Dépôt légal : janvier 2021